JN033982

Let's Output
in Basic English

アウトプットのための基本英語
佐藤臨太郎

KINSEIDO

Kinseido Publishing Co., Ltd.

3-21 Kanda Jimbo-cho, Chiyoda-ku,
Tokyo 101-0051, Japan

Copyright © 2020 by Rintaro Sato

*All rights reserved. No part of this publication may
be reproduced, stored in a retrieval system, or transmitted,
in any form or by any means, electronic, mechanical,
photocopying, recording or otherwise, without the prior
permission of the publisher.*

First published 2020 by Kinseido Publishing Co., Ltd.

Cover design parastyle inc.
Text design   Asahi Media International Inc.
Illustrations Toru Igarashi

音声ファイル無料ダウンロード

http://www.kinsei-do.co.jp/download/4108

この教科書で 🎧 DL 00 の表示がある箇所の音声は、上記 URL または QR コードにて
無料でダウンロードできます。自習用音声としてご活用ください。

▶ PC からのダウンロードをお勧めします。スマートフォンなどでダウンロードされる場合は、
　 ダウンロード前に「解凍アプリ」をインストールしてください。
▶ URL は、**検索ボックスではなくアドレスバー (URL 表示欄)** に入力してください。
▶ お使いのネットワーク環境によっては、ダウンロードできない場合があります。

🔘 CD 00　左記の表示がある箇所の音声は、教室用 CD（Class Audio CD）に収録されています。

は し が き

　国際化・グローバル化の進展に伴い、国内外において、それもビジネスにおいてだけではなく個人レベルの関係においても、国際語である英語を使用し、コミュニケーションしていく機会が今後ますます増えていくと考えられます。英語を母国語・母語とするネイティブスピーカーとの、さらには英語を第2言語・外国語として使用する人々とのコミュニケーションは、日本人がグローバル市民として社会に貢献し、平和な世界を築いていくうえで不可欠であるといえます。

　本書は英語でのコミュニケーション能力の育成を目的としています。「英語でのコミュニケーション」というとハードルが高いと思われる方もいるかもしれませんが、全くそんなことはありません。初級レベルの基本的な英語でも充分に自分を表現し、内容のある豊かなコミュニケーションをとることが出来ます。本書において、そのことを体験してほしいと思います。

　日本において英語でのコミュニケーション能力を養うためには、基本的な文法、語彙を①理解し、②練習し、そして、実際に③使用していくという学習の流れが重要です。この理念に基づき、本書では、各章で学ぶ基本的な英語表現を用いて、スピーキングやライティングの実践的なアウトプット活動につなげていくことを目指しました。各ユニットの構成は、以下の通りとなっています。

Let's Listen!

　言語学習はまずは耳から、聞くことから始まるのが自然です。40 ～ 50語程度の長さの簡単な英語を聞き、大まかな意味を取っていくことからユニットが始まります。

Grammar Focus

　各ユニットの目標文法について、日本語で簡潔に説明してあります。まずは空所を埋めることによって説明を完成させ、目標文法の確認を行います。その後、Grammar Check and Practice [A] (選択肢式問題)、[B] (英文の穴埋め問題)、[C] (会話文の穴埋め問題) の3種類の活動を通じて確実に文法知識の定着を図ります。

Let's Read!

　まずは、大学生が興味を持てる内容の平易な英文 (100語程度) を読みます。その後、Comprehension and Practice [A] (内容理解のためのT/F問題)、[B] (英文に登場する表現の練習)、[C] ([B] の表現を使用した作文問題) の3種類の活動を通じて、語彙や表現を習得していきます。

Let's Use It!

　正確な使用に焦点を当てた活動から、徐々に、学習者自身の創造性や個性、自由な発想を発揮できる活動へと流れていきます。まず、 Task A では、イラストをヒントにモデルとなる英文を完成させます。次の Task B では、 Task A で完成させた英文を参考にして簡単な作文に取り組みます。最後に Task C で、ペアワークやグループワークによって、このユニットで学んだ文法や表現を使用したアウトプットに挑戦します。本書は、このセクションがユニットの集大成となるよう意図されています。

● 登場人物について

　4名の個性的な大学生の登場人物が生き生きと描かれ、学習者も感情移入しながら、学んでいけるようになっています。

● トピックについて

　大学生にとって馴染みのある日常的なことが多く、かつ、興味・好奇心をもって学んでいけるトピックを厳選しました。

　本書により、4技能（聞く・話す・読む・書く）をバランスよく伸ばし、英語でのコミュニケーションを楽しんでほしいと思います。

著者

この教科書では、4人の登場人物を中心にストーリーが進みます。

Kota　Mai　Amy　Bill

Kota（コウタ）
卒業後は教師になるために教育学部に入った1年生。読書が好き。横浜出身。

Mai（マイ）
マラソンが趣味の経済学部1年生。将来は国際ボランティアをしたいと思っている。
いつも元気でアクティブ。大宮出身。

Amy（エイミー）
ボストン出身のアメリカ人留学生。日本の文化に関心があり、アニメが大好き。国際文
化学部に在籍し、将来は通訳や旅行ガイドとして日本で働きたいと思っている。

Bill（ビル）
理工学部のイギリス人留学生。ロンドン出身で、ロボット工学を勉強するために日本
に来た。将来の夢はエンジニアになること。

Let's Output in Basic English

Table of Contents

Unit 1 **Hello, I'm Bill!** ⋯⋯⋯ **10**
[be動詞／一般動詞]

Unit 2 **I Was Doing Research** ⋯⋯⋯ **16**
[現在形・現在進行形／過去形・過去進行形]

Unit 3 **I'm Going to Visit Chicago** ⋯⋯⋯ **22**
[未来形／未来を表す表現]

Unit 4 **I Have Been to Nara** ⋯⋯⋯ **28**
[現在完了形・現在完了進行形]

Unit 5 **I Had Never Seen Such a Cute Animal** ⋯⋯⋯ **34**
[過去完了形・過去完了進行形]

Unit 6 **We Should Study Very Hard** ⋯⋯⋯ **40**
[助動詞]

Unit 7 **Tomatoes Are Loved by Many People** ⋯⋯⋯ **46**
[受動態]

Unit 8 **I Study to Be an Interpreter** ⋯⋯⋯ **52**
[to不定詞]

Unit 9 **I Enjoy Talking About "Blood Type"** ⋯⋯⋯ **58**
[動名詞]

Unit 10 **The Sleeping Student Is Mai** ⋯⋯⋯ **64**
[現在分詞・過去分詞]

Unit 11 **I Respect Him Because ...** ⋯⋯⋯ **70**
[接続詞]

Unit 12 **She Likes Letters More Than Email** ⋯⋯⋯ **76**
[比較級（原級・比較級）]

Unit 13 **Kyoto Is the Most Famous City in Japan** ⋯⋯⋯ **82**
[比較級（最上級・最上級を表す比較表現）]

Unit 14 **I Have a Friend Who Lives in Australia** ⋯⋯⋯ **88**
[関係代名詞（主格・目的格）]

Unit 15 **Kota, Whose Dream Is to Be a Teacher** ⋯⋯⋯ **94**
[関係代名詞（所有格・その他の用法）]

Hello, I'm Bill!

[be 動詞／一般動詞]

Let's Listen!

▶ ビルが自己紹介をしています。音声を聞いて、A~C のうち正しい情報を示している
イラストを選びましょう。　　　　　　　　　　　　　　　🎧 DL 02　　◉ CD 02

A　　　　　　　　　　　B　　　　　　　　　　　C

Grammar Focus

I'm Bill Bowman.　私はビル・ボウマンです。

I'm not Japanese.　私は日本人ではありません。

My parents **tell** me about Japan.　両親は日本について話してくれます。

They **don't know** very much about robotic engineering.

　　　　　　　　　　　　　彼らはロボット工学についてあまりよく知りません。

My little brother **doesn't clean** his room often.

　　　　　　　　　　　　　　私の弟はあまり部屋の掃除をしません。

Does your big sister often **clean** her room?　あなたの姉はよく部屋の掃除をしますか。

My father **lived** in Japan for many years.　父は日本に長年住んでいました。

Please ask me anything.　どうぞ何でも聞いてください。

Don't sleep during class.　授業中、寝てはいけません。

▶以下はbe動詞と一般動詞についての説明です。空所を埋め、説明を完成させましょう。

● **be動詞**は人や物の性質や状態を表し、主語と時制によってis, **1.**_____, was, are, **2.**_____ を使い分けます。**否定**の場合はbe動詞の直後に **3.**_____ を付けます。

● **一般動詞**は、主語が3人称単数 (he, she, itにあたる) の場合は、一般に動詞の最後に **4.**_____ を付けます。**過去**の文では動詞を過去形にします。否定の場合は、現在形のときは一般動詞の前にdon't、主語が3人称単数の場合は **5.**_____ とし、過去形の文では **6.**_____ を付けます。(➡過去形の文：詳しくはUnit 2で学びます)

● **be動詞を含む文**の疑問文はbe動詞が主語の **7.**_____ に移動し、be動詞＋主語となります。**一般動詞を含む文**の疑問文はdo(does, did) を **8.**_____ に置き、Do (Does, Did) ＋主語＋動詞の原形となります。

● **命令文**は主語がなく動詞で文を始めます。丁寧な表現にする場合は動詞の前に **9.**_____ を付けます。**否定の命令文**の場合は **10.**_____ から英文を始めます。

Grammar Check and Practice

A 英文の (　　) に入る適切なものを選びましょう。

1. Bill (played / plays / play) rugby yesterday.

2. He (watching / watches / watch) TV every night.

3. His parents (does / do / did) not come to Japan last summer.

4. Now, Bill (is / was / were) a member of the science club in his university.

B 日本語に合うように (　　) を埋め、英文を完成させましょう。

1. ビルは毎朝牛乳を飲みます。
   Bill (　　　　　　) (　　　　　　　　　) every morning.

2. 5年前は、彼は牛乳が好きではありませんでした。
   He (　　　　　　) (　　　　　　　　) milk five years ago.

3. ゆっくり話してくれませんか。　Please (　　　　　　　) slowly.

4. この授業では日本語を話さないでください。
   (　　　　　　) (　　　　　　　　) Japanese in this class.

C 日本語に合うように（　　）に適語を書き入れ、会話文を完成させましょう。
ペアになって、完成した会話文を交代で練習しましょう。

🎧 DL 03　　💿 CD 03

Kota: Hi, Nice to meet you. (**1.**　　　　　　　) Kota.
こんにちは、僕はコウタです。

Amy: Nice to meet you, too. I'm Amy. I come (**2.**　　　　　　) America.
こんにちは、私はエイミー。アメリカ出身よ。

Kota: What (**3.**　　　　　　) you major in?
君は何を専攻しているの？

Amy: I (**4.**　　　　　　) Asian cultures. I really (**5.**　　　　　　) to learn about Japanese pop culture.
アジア文化を勉強しているの。日本のポップカルチャーを学びたいんだ。

Kota: Japanese pop culture?
日本のポップカルチャー？

Amy: Yes. I (**6.**　　　　　　) Japanese anime such as *Gundam*, *Dragon Ball* and *Doraemon*. They (**7.**　　　　　　) wonderful!
そう、『ガンダム』や『ドラゴンボール』、『ドラえもん』のようなアニメが好きなの。それらは素晴らしいわ！

Kota: Oh, I (**8.**　　　　　　) manga, too. I especially like *One Piece*. Please (**9.**　　　　　　) it. I'm sure you will like it.
僕もマンガが好き。『ワンピース』が大好きです。読んでみてください。気に入るよ。

Amy: Actually, I already (**10.**　　　　　　) the manga in America. I love it!
実は、アメリカですでにその本を買ったわ。とても好きです。

Let's Read!

▶ 次のEメールを読み、後の質問に答えましょう。　🎧 DL 04　💿 CD 04

Hi, Kota, Amy and Bill

This is Mai Sato. Let me tell you about myself. I study economics and English at my university. I did not like English in high school, but now I like it very much and study every day. In the future, I want to work as a volunteer in a foreign country. Why? Because in high school I watched a film about people in very poor countries, and I wanted to help such people. Please give me information about volunteer work overseas if you have any. My hobby is running marathons. How about you? What are your hobbies?

Best,

Mai

Comprehension and Practice

A 英文の内容に合っていれば T (true) を、合っていなければ F (false) を選びましょう。

1. マイは高校生の時は英語が苦手だったが、今は頑張って勉強している。　　　[T / F]
2. マイは今、外国でボランティアとして働いている。　　　　　　　　　　　[T / F]

B 以下の英文を、最初はテキストを見ながら声に出して読み、その次は顔を上げてテキストを見ずに言ってみましょう。

1. I did not like English in high school, but now I like it very much and study every day.
2. In high school I watched a film about people in very poor countries.
3. Please give me information about volunteer work overseas if you have any.

C 日本語に合うように英文を作りましょう。 **B** の英文を参考にしましょう。

1. 高校時代、私は数学が不得意でしたが、今は好きです。

_____

2. 昨夜、私はとても豊かな国の人たちに関する本を読みました。

_____

3. 甘いもの (sweets) に関する情報を、私にいっさい与えないでください。

_____

 Let's Use It!

Task A 以下を参考に (　　) に適語を書き入れ、コウタの自己紹介文を完成させましょう。

出身：横浜
専攻：教育 (education)
高校時代の得意教科：国語 (Japanese)
今好きな教科：英語
趣味：読書
好きなスポーツ：バスケットボール

My (¹·　　　　　) is Kota. I'm from (²·　　　　　). My major is
(³·　　　　　). I like to watch (⁴·　　　　　) games. When I was in high
school I liked (⁵·　　　　　), and I read many (⁶·　　　　　). Now I like to
study (⁷·　　　　　).

Task B **Task A** の英文を参考に、**be 動詞**と**一般動詞**を使い、自己紹介文を書きましょう。完成したら、ペアになって読み上げ合いましょう。

My name is _____

_____

_____

_____

_____

| Task C | ペアを変え、自己紹介をし合いましょう。**Toolbox**の表現を使って相手と質問をし合い、表の空所に書き入れましょう。他のクラスメイトともペアになり、同じ活動を続けましょう。

名前	出身	趣味	その他の情報
Kota	Yokohama	Watching basketball games	He liked Japanese. He likes English now.

Toolbox

Where do you come from?　出身はどこですか。

What is your favorite food/movie?　好きな食べ物／映画は何ですか。

What do you do in your free time?　暇な時間は何をしていますか。

What did you do in high school?　高校では何をしましたか。

I come to school by ~ .　学校へは~で来ます。

I belong to ~ .　私は~に属しています。

My hobby is -ing.　趣味は~することです。

I want to be a/an ~ in the future.　将来私は~になりたいです。

I Was Doing Research

[現在形・現在進行形／過去形・過去進行形]

 Let's Listen!

▶エイミーがインターネットの使用法について話しています。音声を聞いて、正しい情報を示しているイラストを選びましょう。　🎧 DL 05　💿 CD 05

A

B

C

 Grammar Focus

I **study** Asian culture at university.　私は大学でアジア文化を勉強しています。

I'**m** now **recording** my talk on my personal computer.

私は今、自分の話をパソコンに録音しています。

I **wrote** the script for my presentation by using the internet.

プレゼンのスクリプトを、私はインターネットを利用して書きました。

When Kota **called** me last night, I **was watching** *One Piece* on the internet.

昨晩コウタが私に電話したとき、私はインターネットで『ワンピース』を観ていました。

▶以下は現在形と過去形、進行形についての説明です。空所を埋め、説明を完成させましょう。

● **現在**について述べるときは動詞の ^{1.}_____ 形を、**過去**について述べるときには動詞の ^{2.}_____ 形を用います。

● **一般動詞の現在形**は現在の状態や習慣、習性を表し、**過去形**はすでに終えた過去のことを表します。過去形は基本は一般動詞の ^{3.}_____ に -ed をつけますが、不規則に変化する動詞もあります。**be 動詞の現在形**には am, are, is があり、**過去形**には was と were があります。

● **現時点で進行中**の動作「～しているところです」を表現するには、am/is/ ^{4.}_____ ＋ -ing を、**過去のある時点で進行中**の動作「～していたところです」を表現するには、was/ ^{5.}_____ ＋-ing を用います。

Grammar Check and Practice

A 英文の (　　) に入る適切なものを選びましょう。

1. Amy (is writing / writes / written) an email every day.

2. Kota did not (study / studies / is studying) English hard last year.

3. Now, Bill (is talking / talks / was talking) to his friend about his future plans.

4. Amy (was watching TV / watched TV / watches TV) when her mother came home.

B 日本語に合うように (　　) を埋め、英文を完成させましょう。

1. あなたは毎朝牛乳を飲みますか。
(　　　　　　) (　　　　　　) (　　　　　　) milk every morning?

2. あなたは今、ここで何をしているのですか。
What (　　　　　) (　　　　　) (　　　　　) here now?

3. マイはビルにチョコレートをあげました。
Mai (　　　　　　) some chocolate to Bill.

4. 昨夜7時ごろ、マイは夕食を作っていました。
Mai (　　　　　) (　　　　　　) dinner around 7:00 p.m. last night.

C 日本語に合うように (　　) に適語を書き入れ、会話文を完成させましょう。
ペアになって、完成した会話文を交代で練習しましょう。

Mai: What (¹.　　　　　　) (².　　　　　　) (³.　　　　　　) last night? I called
you three times but you didn't answer.
昨夜は何をしていたの？ 3度電話をかけたんだけど、君は出なかった。

Bill: I (⁴.　　　　　　) chatting on the internet with an old friend from London.
インターネットでロンドンの旧友とチャットしていたんだよ。

Mai: An old friend?　旧友？

Bill: Yes. His name is Paul and we (⁵.　　　　　　) rugby and often
(⁶.　　　　　　) together in high school. He (⁷.　　　　) a really nice
guy!
そう、名前はポールっていうんだけど、高校でラグビーをしたり、よく一緒に勉強したりした
んだよ。とてもいいやつさ！

Mai: (⁸.　　　　　　) he a university student now?　今は大学生？

Bill: No. He is now traveling around the (⁹.　　　　　　). Actually, he visited six
countries last year — India, Cambodia, Malaysia, South Korea, China and
Australia.
いや、いま世界中を旅してまわっているよ。実際に、去年は6か国、インド、カンボジア、マレ
ーシア、韓国、中国、オーストラリアを訪れたよ。

Mai: Wow! Paul must be (¹⁰.　　　　　　) (¹¹.　　　　　　).
ワーオ！ ポールはすごいお金持ちに違いないわね。

Bill: I don't know. Anyway, he (¹².　　　　　　) planning to (¹³.　　　　　　) to
Japan this year. He is searching for information about Japan every day.
わからないな。いずれにせよ、彼は今年日本に来ることを計画しているんだ。毎日、日本につい
ての情報を探しているよ。

Let's Read!

▶エイミーのブログを読み、後の質問に答えましょう。　　　　🎧 DL 07　◎ CD 07

The internet was very important when I was doing research in America. In the past, students got information mainly from books, newspapers, or encyclopedias. But my high school teacher told us to use the internet as much as possible. So I got a lot of knowledge and information from the internet to write my essays. One day when I was looking at a website in the school library, my teacher came to me and said, "Oh, you are studying by using the internet. It's OK, but you have to be careful. Is the website's information reliable?"

Notes

encyclopedia「百科事典」　　reliable「信頼できる」

Comprehension and Practice

A 英文の内容に合っていれば T (true) を、合っていなければ F (false) を選びましょう。

1. エイミーはインターネットを重要だと思っていなかった。　　　　　　[T / F]

2. エイミーの先生は彼女の勉強にインターネットを利用するように言った。　[T / F]

B 以下の英文を、最初はテキストを見ながら声に出して読み、その次は顔を上げてテキストを見ずに言ってみましょう。

1. The internet was very important when I was doing research in America.

2. I was looking at a website in the library.

3. You are studying by using the internet.

C 日本語に合うように英文を作りましょう。 B の英文を参考にしましょう。

1. 夏に公園で走っていたとき、水はとても大事でした。

_____

2. 私は図書館で本を読んでいるところでした。

_____

3. 彼は、赤いペンで手紙を書いているところです。

_____

 ## Let's Use It!

Task A イラストを参考に（　　）に適語を書き入れ、「～しているところだ／だった」
という進行形の英文を完成させましょう。

Last night, Kota (**1.**   ) (**2.**   ) a book when Amy called
him.

Now, Bill and Mai (**3.**   ) (**4.**   ) lunch at a school café.
Also, some students (**5.**   ) using their smartphones while others
(**6.**   ) (**7.**   ) magazines.

Task B Task A の英文を参考に、過去進行形と現在進行形を使い、昨晩と今の自
分、あるいは周囲のことを書きましょう。完成したら、ペアになって読み上
げ合いましょう。

Last night,

_____

Now,

_____

Task C グループになって、**Toolbox** の表現を参考にして先週末（土曜か日曜）と昨夜にしたことを質問し合い、表の空所に書き入れましょう。

名前	先週末	昨夜
Kota	He went to the library to study.	He was reading a book when his friend Bill telephoned him.

Toolbox

What did you do last Sunday?　先週の日曜日に何をしましたか。

What were you doing at 8:00 p.m. last night?　昨夜8時は何をしていましたか。

Who did you do the activity with?　誰とその活動をしましたか。

How did you feel?　どう感じましたか。

It was exciting.　ワクワクしました。　　　funny　面白い　　　boring　退屈な

How long did you do it?　どれくらいそれをしましたか。

I did it for two hours.　2時間しました。

Where did you play tennis?　どこでテニスをしましたか。

I played it at my university.　大学でしました。

I'm Going to Visit Chicago

[未来形／未来を表す表現]

Let's Listen!

▶コウタがゴールデンウィークの予定について話しています。音声を聞いて、正しい情報を示しているイラストを選びましょう。　　🎧 DL 08　　💿 CD 08

A

B

C

Grammar Focus

I'm going to visit Chicago with my father.　私は父とシカゴに行く予定です。

He **is going to** attend a conference there to give a presentation.

　　　　　　　　　父はプレゼンをするためにそこでの学会に出席します。

I'm not going there with my father.　私は父とそこへは行きません。

They **will** show us wonderful performances.

　　　　　　　　　彼らは我々に素晴らしいパフォーマンスを見せてくれるでしょう。

The game usually **starts** at around 7:00 p.m.

　　　　　　　　　試合は普段は午後7時ごろ始まります。

▶以下は未来形／未来を表す表現についての説明です。空所を埋め、説明を完成させましょう。

●**未来**を表すには助動詞の 1._____ や 2._____ という表現を用います。前者は「その時点で決めた話し手の意思」や「成り行き上自然に未来に起こること」を表し、後者は主に「ほぼ決まっている予定」を表すときに用いられます。

●何らかの**意思**を持って物事を行うときも助動詞の 3._____ を使います。また 4._____形や進行形が**未来**を表すこともあります。

Grammar Check and Practice

A 英文の (　　) に入る適切なものを選びましょう。

1. It (will be / is / was) rainy tomorrow morning.

2. Mai (is going to / am going to / were going to) meet Bill this afternoon.

3. (Will / Does / Do) Bill come to the party tonight?

4. The train (leaves / left / was leaving) for Tokyo soon.

B 日本語に合うように (　　) を埋め、英文を完成させましょう。

1. 明日、気温は氷点下になるでしょう。

The temperature (　　　　　　) be below zero tomorrow.

2. 今年はもっと頑張って英語を勉強してみようと思います。

I (　　　　　) try to (　　　　　) (　　　　　　) harder this year.

3. 今日の午後、ビルはロンドンの父にメールを送る予定です。

This afternoon, Bill (　　　　　) (　　　　　) (　　　　　) send an email to his father in London.

4. マイは今夜のパーティーにケーキを持ってくるでしょうか。

(　　　　　) Mai (　　　　　) a cake for the party tonight?

C 日本語に合うように（　　）に適語を書き入れ、会話文を完成させましょう。
ペアになって、完成した会話文を交代で練習しましょう。

DL 09　　CD 09

Amy: Thank you very much for sending me pictures of London. They are very
(1.　　　　　　　).
ロンドンの写真を送ってくれてありがとう。とてもきれいね。

Bill: I'm happy that you like them. By the way, what are you (2.　　　　　　　)
(3.　　　　　　　) do this Golden Week?
気に入ってくれてうれしいよ。ところで、このゴールデンウィークは何をするの？

Amy: I'm (4.　　　　　　　) (5.　　　　　　　) visit my friend in Hokkaido. I
(6.　　　　　　　) enjoy beautiful scenery and delicious food. How about
you?
北海道の友人のところへ行く予定よ。美しい景色と美味しい食べ物を楽しむの。あなたは？

Bill: Well... I have no plans. Maybe I (7.　　　　　　　) read many books.
えーと、別に予定はないんだ。多分本をたくさん読むよ。

Amy: That's a good idea. What kind of books (8.　　　　　　　) you going to
read?
それは良いアイデアね。どんな本を読むの？

Bill: Hmm... I don't know yet.
うーん、まだわからない。

Amy: OK. (9.　　　　　　　) you tell me after Golden Week?
わかったわ。ではゴールデンウィークが終わったら教えてくれる？

Bill: Yes, of (10.　　　　　　　). In the meantime, have a nice trip to Hokkaido,
Amy!
もちろん。それではエイミー、良い北海道旅行を！

4

Let's Read!

▶エイミーのブログを読み、後の質問に答えましょう。　　　🎧 DL 10　　◎ CD 10

> I had a wonderful time in Hokkaido during the Golden Week holiday. First, I visited Hakodate to meet my friend who once studied in America. We were going to go up Mt. Hakodate to enjoy the beautiful night view from the top, but because of rain, we changed our plan. We went to a sushi restaurant and ate a lot of delicious sushi. The next evening we went to Sapporo and enjoyed the wonderful night view from Mt. Moiwa. Sapporo city looked like diamonds from the mountain top. I'm going back to Tokyo by plane tomorrow. However, I will come back to Hokkaido sometime in the future.

Comprehension and Practice

A 英文の内容に合っていればT (true) を、合っていなければF (false) を選びましょう。

1. エイミーは寿司屋に行く予定だった。　　　　　　　　　　　　　　　　[T / F]
2. 札幌の街はダイヤモンドのように見えた。　　　　　　　　　　　　　　[T / F]

B 以下の英文を、最初はテキストを見ながら声に出して読み、その次は顔を上げてテキストを見ずに言ってみましょう。

1. We were going to go up Mt. Hakodate to enjoy the beautiful night view from the top.
2. Sapporo city looked like diamonds from the mountain top.
3. I'm going back to Tokyo by plane tomorrow.

C 日本語に合うように英文を作りましょう。 **B** の英文を参考にしましょう。

1. 私たちは明日、富士山に登る予定でした。

_____

2. 東京は空からダイヤモンドのように見えました。

_____

3. 明日、私は車で大阪へ帰ります。

_____

 Let's Use It!

Task A イラストを参考に（　　）に適語を書き入れ、ゴールデンウィーク中のエイミーとビルの<u>未来・予定</u>を表す英文を完成させましょう。

　　Amy (¹·　　　　　　) (²·　　　　　　　) to go up Mt. Hakodate with her friend.
She thinks it (³·　　　　　) be fine in Hakodate. Also, they (⁴·　　　　　)
(⁵·　　　　　) a lot of sushi in Hokkaido.
　　Bill (⁶·　　　　) (⁷·　　　　　) (⁸·　　　　　) (⁹·　　　　　) books
in the school library during the Golden Week holiday. Also, he (¹⁰·　　　　　)
(¹¹·　　　　　) some movies on the internet if he (¹²·　　　　) a lot of free
time.

Task B Task A の英文を参考に、自分のゴールデンウィークの予定について **be going to (I'm going to ~)** を用いて英文を3つ作りましょう。完成したら、ペアになって、読み上げ合いましょう。

I'm going to _____

_____

_____

Task C 自分の土曜か日曜いずれかの予定を、英文で書きましょう。
次にペアになり、相手に自分の予定を説明しながら相談して、土曜か日曜に
一緒に①いつ②どこへ行き③何をするか決めてください。
Task A / B およびToolboxの表現も参考にしましょう。

自分の予定
_____

_____

_____

ペアでの予定
①いつ
_____

②どこ
_____

③何をする
_____

_____

_____

Toolbox

I'm going to ～　～するつもりです。
do a part-time job　アルバイトをする　　return to my home　帰省する
look forward to -ing　～することを楽しみにする
I'm planning to ～　～することを計画しています。
Are you free in the afternoon on May 1st?　５月１日の午後はお暇ですか。
What do you want to do?　何をしたいですか。
Where do you want to go?　どこへ行きたいですか。

I Have Been to Nara

[現在完了形・現在完了進行形]

Let's Listen!

▶エイミーが週末に訪れた奈良について話しています。音声を聞いて、正しい情報を示しているイラストを選びましょう。　　🎧 DL 11　💿 CD 11

A　　　　　　　　　B　　　　　　　　　C

Grammar Focus

I **have lived** in Tokyo since I came to Japan two years ago.

　　　　　　　　　　２年前に日本に来て以来、私は東京に住んでいます。

I **have** never **seen** so many deer in one place.

　　　　　　　　　　一ヵ所でこんなに多くのシカを見たことがありません。

I **have been** thinking of visiting Nara again.

　　　　　　　　　　もう一度奈良を訪れることをずっと考えています。

Have you ever **visited** Kyoto or Nara?

　　　　　　　　　　これまでに京都か奈良を訪れたことはありますか。

Have you **finished eating** lunch at Nara Park?

　　　　　　　　　　奈良公園で昼食を食べるのを終えましたか。

▶以下は現在完了形と現在完了進行形についての説明です。空所を埋め、説明を完成させましょう。

● **現在完了形** は、have (has) ＋ 1._____ 分詞で「～してしまった」と動作の完了・結果や、「～したことがある」というように 2._____ や「(今まで) ずっと～だ」と状態の継続を表します。

● **現在完了進行形** は、have (has) been ＋ -ing で過去に始まった動作が現在まで 3._____ していることを表します。

Grammar Check and Practice

A 英文の (　　) に入る適切なものを選びましょう。

1. Bill has (lived / lives / living) in Meguro in Tokyo since he came to Japan.

2. He has never (have / had / has) so many good friends in his life.

3. I have (been enjoying / enjoy / was enjoyed) my life here.

4. It (has been snowing / snow / is snowing) since last night.

B 日本語に合うように (　　) を埋め、英文を完成させましょう。

1. マイはちょうど京都のガイドブックを読んだところです。
   Mai (　　　　　　) just (　　　　　　　　) a guidebook on Kyoto.

2. 彼女はこれまでに京都を訪れたことがありません。
   She has (　　　　　) (　　　　　　　) Kyoto before.

3. コウタは子どもの頃から今までにたくさんの友人ができました。
   Kota (　　　　　　) made a lot of friends since childhood.

4. コウタは今朝からずっと自分の部屋で本を読んでいます。
   Kota (　　　　　　) (　　　　　　) (　　　　　　　) books in his room since this morning.

C 日本語に合うように（　　）に適語を書き入れ、会話文を完成させましょう。
ペアになって、完成した会話文を交代で練習しましょう。

🎧 DL 12　◎ CD 12

Mai: Good morning, Bill. You have (¹·　　　　　) very early! By the way, where do you (²·　　　　　)?
おはようビル、とても早く来たわね。ところで、どこに住んでいるの？

Bill: Hello, Mai. I (³·　　　　　) in Meguro. How about you?
今日は、マイ。僕は目黒に住んでるよ。君は？

Mai: I (⁴·　　　　　) (⁵·　　　　　) living in Saitama (⁶·　　　　　) I was in elementary school.
小学校以来、ずっと埼玉に住んでいるわ。

Bill: Oh, I have (⁷·　　　　　) been there. Is it a city or a town in the countryside?
そこには行ったことはないなぁ。都会、それとも田舎の町？

Mai: It's a big city, but we can (⁸·　　　　　) beautiful nature as well.
大都市だけど、美しい自然も見ることが出来るわ。

Bill: Oh, (⁹·　　　　　) wonderful. Tell me more.
それは素晴らしい。もっと教えて。

Mai: For example, there (¹⁰·　　　　　) a lot of beautiful natural parks. I (¹¹·　　　　　) (¹²·　　　　　) enjoying my life here.
例えば、多くの美しい自然公園があるわ。私はここでの生活をずっと楽しんでいるの。

Bill: I (¹³·　　　　　) visit a natural park in your city this weekend!
今週末、君の街の自然公園に行くことにするよ。

Let's Read!

▶コウタのブログを読み、後の質問に答えましょう。　　🎧 DL 13　💿 CD 13

　　I have lived in Yokohama all my life. Have you ever visited Yokohama? Although I have never lived in another place, I feel Yokohama is the best city in the world. You can enjoy delicious food in Yokohama's Chinatown, and walking in Yamashita Park is really refreshing. My parents have been enjoying taking walks in that park for many years.

　　It has been raining here in Yokohama since last night. But my parents have just gone out to take our dog for a walk. I really love my hometown. How about you? Do you love your hometown?

Comprehension and Practice

A 英文の内容に合っていれば T (true) を、合っていなければ F (false) を選びましょう。

1. コウタは横浜以外の町に住んだことはない。　　　　　　　　　　　　　　[T / F]
2. 横浜は今、雨が降っている。　　　　　　　　　　　　　　　　　　　　　[T / F]

B 以下の英文を、最初はテキストを見ながら声に出して読み、その次は顔を上げてテキストを見ずに言ってみましょう。

1. Have you ever visited Yokohama?
2. They have been enjoying taking walks in that park for many years.
3. It has been raining here in Yokohama since last night.

C 日本語に合うように英文を作りましょう。**B**の英文を参考にしましょう。

1. あなたは沖縄を訪れたことがありますか。

_____

2. 彼らは今朝からずっとサッカーをしています。

_____

3. 仙台では昨夜からずっと雪が降っています。

_____

Let's Use It!

Task A 以下を参考に（　　）に適語を書き入れ、ビルの紹介文を完成させましょう。

・イギリスから日本へ３年前に来て、それ以来ずっと東京に住んでいる
・日本の田舎の村を訪れたことはない
・イギリスで日本語を学んだことがある
・将来の夢はロボットエンジニア (robotic engineer)

Bill (¹. _____) to Japan from the UK. He (². _____) been
(³. _____) here for three years. He (⁴. _____) (⁵. _____)
visited a village in the countryside of Japan. He (⁶. _____) (⁷. _____)
Japanese in the UK. His dream (⁸. _____) to be a robotic engineer.

Task B **Task A** の英文を参考に、現在完了形と現在完了進行形を使い、自分自身についての紹介文を書きましょう。完成したら、ペアになって読み上げ合いましょう。

_____

_____

_____

_____

Task C グループになって、**Toolbox**の表現を参考に今までに行ったことのある場所、行ったことのない場所について質問し合い、表の空所に書き入れましょう。

名前	行ったことがある	行ったことがない
Mai	She has been to Tokyo Disneyland three times.	She has never been to Tokyo DisneySea.

Toolbox

Have you ever been to ~ ?　～へ行ったことがありますか。

Yes, I have been there.　はい、行ったことがあります。

It was a really wonderful place.　本当に素晴らしいところでした。

No, I haven't, but I want to go there this summer.

いいえ、行ったことはありません。　でもこの夏に行きたいです。

Which part(s) of Hokkaido have you visited?

北海道のどこへ行ったことがありますか。

I Had Never Seen Such a Cute Animal

[過去完了形・過去完了進行形]

 ## Let's Listen!

▶佐藤教授が子どものころの思い出について話しています。音声を聞いて、正しい情報を示しているイラストを選びましょう。　🎧 DL 14　💿 CD 14

A

B

C

 ## Grammar Focus

I was very happy because I **had** never **seen** a giant panda before.

それまでジャイアントパンダを見たことがなかったので、とても嬉しかったです。

I **had been asking** my parents to take me to the zoo many times until they said "Yes".

その動物園に連れて行ってくれるよう、「イエス」と言ってくれるまで何度も両親にお願いしていました。

I **had** never **seen** such a cute animal before.

それまで、そんなに可愛い動物を見たことはありませんでした。

We **had already visited** the zoo before we went to Tokyo Tower.

東京タワーに行く前に、私たちはすでに動物園に訪れていました。

▶以下は過去完了形と過去完了進行形についての説明です。空所を埋め、説明を完成させましょう。

● **過去完了形**は、had + 1._____分詞で過去のある時点までの完了・経験を表します。経験を表す過去完了形では、2._____ を加えると「〜したことがなかった」という否定の意味になります。

● **過去完了進行形**は、had been + -ing で過去のある時点までの動作の完了・結果・3._____ を表します。

Grammar Check and Practice

A 英文の（　　）に入る適切なものを選びましょう。

1. Kota (had learned / learns / has learned) how to write the alphabet before he entered elementary school.

2. Amy (do not / had never / does not) seen a ghost before.

3. Bill (was enjoying / enjoyed / had been enjoying) reading a book until his mother came in.

4. Mai (had been running / runs / ran) for two hours when it started raining.

B 日本語に合うように（　　）を埋め、英文を完成させましょう。

1. バスケットボールを始める前、コウタは3年間ラグビーをしていました。
Kota (　　　　　　　) (　　　　　　　　　) rugby for three years before he started playing basketball.

2. エイミーが教室に着いたとき、授業はもう始まっていました。
When Amy got to the classroom, the class (　　　　　　　　) already
(　　　　　　　).

3. 私が陸上競技場に着いたとき、マイは2時間走っていました。
Mai (　　　　　　) already (　　　　　　　) (　　　　　　　) for two hours when I got to the athletic field.

4. 電話が鳴ったとき、ビルはロボット技術についてのテレビ番組を2時間見ていました。
Bill (　　　　　　　) (　　　　　　　) (　　　　　　　　) a TV program about robotic engineering for two hours when the phone rang.

C 日本語に合うように（　）に適語を書き入れ、会話文を完成させましょう。
ペアになって、完成した会話文を交代で練習しましょう。

🎧 DL 15　　◎ CD 15

Mai: Bill, I heard you are (**1.**　　　　　　) engineering.
ビル、あなたは工学技術を勉強しているって聞いたわ。

Bill: Yes. I want to be a robotic engineer in the future. I (**2.**　　　　　　) learned
a little about it before I entered this university.
そう。将来ロボットエンジニアになりたいんだ。この大学に入学する前に少し勉強していたんだよ。

Mai: Cool. But engineering seems to be very (**3.**　　　　　　).
それは素敵。でも工学技術はとても難しそう。

Bill: Yes, it's not easy. Today, before we met here I had (**4.**　　　　　)
studying for three hours.
そう、簡単ではないよ。今日はここで君と会う前まで、3時間ずっと勉強していたんだ。

Mai: Oh, Bill, (**5.**　　　　　　) study too much! You have to relax a little bit
more.
まあビル、あまり勉強しすぎないでね。もう少しリラックスするようにしなければ。

Bill: Thank you, Mai. But it's OK. I liked (**6.**　　　　　) movies about robots
when I was a child. So, learning about robots (**7.**　　　　　) been my
dream since then.
ありがとう、マイ。でも大丈夫。子どものとき、僕はロボットの映画を見るのが好きだったから、それ以来、ロボットについて学ぶのがずっと僕の夢なんだ。

Mai: Oh, I see!
まぁ、なるほど。

Let's Read!

▶マイが書いた英文を読み、後の質問に答えましょう。　🎧 DL 16　◎ CD 16

> I had never thought about very poor people before I watched one movie at elementary school. It was about a family in Africa. The father and mother were working very hard on a farm. A ten-year-old boy was working on another farm. He had never gone to school before. As they were very poor, these people sometimes didn't have anything to eat or drink. Since I watched the movie, I had been thinking, "What can I do for those people?" Finally, I decided to study international economics at university. In the future, I want to work for poor people who need help.

Comprehension and Practice

A 英文の内容に合っていれば T (true) を、合っていなければ F (false) を選びましょう。

1. マイはその映画を観る前から貧しい人々について考えていた。　　　　　[T / F]
2. マイは将来貧しい人のために働きたいと思っている。　　　　　　　　　[T / F]

B 以下の英文を、最初はテキストを見ながら声に出して読み、その次は顔を上げてテキストを見ずに言ってみましょう。

1. I had never thought about very poor people before I watched one movie.
2. He had never gone to school before.
3. Since I watched the movie, I had been thinking about poor people.

C 日本語に合うように英文を作りましょう。 **B** の英文を参考にしましょう。

1. その本を読むまで私は日本の歴史について考えたことがありませんでした。

_____

2. エイミーはそれまで雪を見たことがありませんでした。

_____

3. その歌を聞いて以来、コウタはずっとその歌手のことを考えていました。

_____

 Let's Use It!

[Task A] 以下を参考に（　　）に適語を書き入れ、マイがいつ何を始めたかについて
の説明の英文を完成させましょう。

・5才：自転車に乗った
・6才：海で泳いだ
・小学校入学：英語の勉強を始めた
・今、大学生：朝のランニング

　　Mai was able to ride a (¹·   ) when she (²·   ) five years old, and when she turned six, she swam in the sea for the first time. She started learning (³·   ) at elementary school. Mai (⁴·   ) never (⁵·   ) English before she entered her elementary school. She likes sports very much. Now, she (⁶·   ) every morning.

Task B | **Task A** の英文を参考に、過去形と過去完了形、現在形を使い、自分自身について書きましょう。完成したら、ペアになって読み上げ合いましょう。

_____

_____

_____

_____

Task C | **Task B** の英文や Toolbox の表現を参考にして自分の過去の思い出について自由に書き、①パートナーに伝えてみましょう。②ペアで質問をし合い、自由に会話を続けてみましょう。

_____

_____

_____

_____

Toolbox

・動詞の活用

ride-rode-ridden, swim-swam-swum, run-ran-run, write-wrote-written

・表現

I had never seen such a tall building before I came to Tokyo.
東京に来るまでそんなに高いビルをを見たことはありませんでした。
I had been to Sapporo once before we moved to Sapporo.
札幌に引っ越す前に一度札幌に行ったことがありました。
Have you ever + 過去分詞？　～したことはありますか。
Why did you + 原形？　なぜ～したのですか。
start -ing　～をし始める　　enjoy -ing　～するのを楽しむ

We Should Study Very Hard

[助動詞]

Let's Listen!

▶エイミーが今日の午後にすべきことについて話しています。音声を聞いて、エイミーが これからすることについて示しているイラストを選びましょう。 🎧 DL 17 💿 CD 17

A   B   C

Grammar Focus

Should I read Japanese manga?　私は日本の漫画を読むべきでしょうか。

I **have to** take a Japanese language test tomorrow.

私は明日、日本語のテストを受けなければなりません。

Amy **must** study very hard this afternoon.

エイミーは今日の午後、一生懸命勉強しなければなりません。

She **cannot** enjoy any free time today.

彼女は今日は、自由時間を楽しむことはできません。

You **may** use my computer today.　今日は私のコンピューターを使ってもいいです。

Amy **doesn't have to** finish her homework tonight.

エイミーは今夜宿題を終える必要はありません。

You **ought to** go to the library to do your homework.

あなたは図書館へ行き宿題を終えたほうがいいですよ。

▶以下は助動詞についての説明です。空所を埋め、説明を完成させましょう。

● 1._____ は「～できる」という意味で**能力**、「～できうる、がありうる」という意味で**可能性**を表します。否定形はcannotあるいはcan'tです。

● mayは「～ 2._____」という意味で**許可**、「～かもしれない」という意味で**推量**を表します。

● 3._____ は「～すべきだ」という意味で、**義務・助言・勧告**などを表します。また、**推量**の「～のはずである」という意味を表す場合もあります。

● mustは「～しなければならない／～する必要がある」という意味で**命令・義務**を表し、mustn't (must not) は「～ 4._____」という**禁止**の意味になります。have 5._____ ～も「～しなければいけない」という意味になりますが、not have to ～ は「～する 6._____ はない」という意味になります。ought 7._____ も「～すべき」とshouldとほぼ同じ意味で用いられ、8._____ betterはより強い**忠告・義務や命令**を意味します。

Grammar Check and Practice

A 英文の（　　）に入る適切なものを選びましょう。

1. Birds (can / cannot / may) fly in the sky.

2. You (must not / may / don't have to) drink during the class today. It's too hot.

3. We (must / mustn't / don't) be kind to elderly people.

4. Students (have to / cannot / ought not to) study hard. There is a test tomorrow.

B 日本語に合うように（　　）を埋め、英文を完成させましょう。

1. エイミーは誰とでも友だちになれます。
   Amy (　　　　　　　) make friends with anybody.

2. トイレを今すぐお借りできますか。
   (　　　　　　　) I use your bathroom now?

3. ビルは明日試験を受けるため、午後は一生懸命勉強しなければいけないでしょう。
   Bill (　　　　　　) (　　　　　　　) to study hard this afternoon because he is going to take a test tomorrow.

4. マイは今日、昼食を持ってくる必要はありませんでした。
   Mai didn't (　　　　　　) (　　　　　　　) bring her lunch today.

C 日本語に合うように（　　）に適語を書き入れ、会話文を完成させましょう。
ペアになって、完成した会話文を交代で練習しましょう。

DL 18　CD 18

Amy: Have you decided which tour to go on this weekend? We (¹·　　　　　　　)
decide today.
今週末のどちらのツアーに参加するか決めた？　今日決めなければいけないのよ。

Bill: Hmm... maybe one of the tours for international students to experience
Japanese (²·　　　　　　)? What can we do on those tours?
うーん、留学生のための日本文化体験ツアーのうちのどれかにするかなあ。これらのツアー
では何ができるの？

Amy: We (³·　　　　　　) watch *kabuki* plays or visit downtown Tokyo. But if
you are busy, you don't have to go.
歌舞伎を観るか東京の繁華街に行くことが出来るのよ。でも忙しいなら参加しなくてもいい
の。

Bill: I think it's a good opportunity to learn about Japanese culture.
(⁴·　　　　　　) I ask how much the tours cost?
日本の文化を学ぶ良い機会だと思うよ。いくらかかるのか聞いてもいい？

Amy: They are (⁵·　　　　　　) because going on a tour is part of our program.
両方とも無料よ。ツアー参加は私たちのプログラムの一部だから。

Bill: Then, we (⁶·　　　　　　) go! I want to see *kabuki*. It must be exciting.
では、参加しなければいけないね。歌舞伎が観たいな。ワクワクするに違いないよ。

Amy: OK. I (⁷·　　　　　　) go on the downtown Tokyo tour. I can learn about
a part of Japanese culture.
了解。私は繁華街ツアーにするわ。日本文化の一部を学べると思う。

Bill: In that case, we should share our experiences after our tours.
それでは、ツアーが終わった後で経験を伝え合わなきゃね。

42

Let's Read!

▶コウタのブログを読み、後の質問に答えましょう。　　　🎧 DL 19　　💿 CD 19

> Making an important decision is always very difficult for me. When I was in high school, I wanted to be a teacher or a newspaper reporter. I thought, "I should do something good for people and society." After thinking a lot, I finally decided to enter a faculty of education to be a teacher. I have to learn a lot to be a good teacher and I think I can teach well because I like teaching very much. As I want to teach English, I may also have to study in an English-speaking country. There are a lot of things I must learn, so I cannot waste time!

Notes

faculty of education「教育学部」　　waste「無駄にする」

Comprehension and Practice

A 英文の内容に合っていればT (true) を、合っていなければF (false) を選びましょう。

1. コウタは大学に入ってから、新聞記者になると決めた。　　　　　　　　[T / F]
2. コウタは留学するかもしれない。　　　　　　　　　　　　　　　　　　[T / F]

B 以下の英文を、最初はテキストを見ながら声に出して読み、その次は顔を上げてテキストを見ずに言ってみましょう。

1. I should do something good for people and society.
2. I can teach well because I like teaching very much.
3. I may also have to study in an English-speaking country.

C 日本語に合うように英文を作りましょう。**B** の英文を参考にしましょう。

1. 父親は子どもたちにとって何か良いことをすべきです。

_____

2. マイは歌が好きなので、とてもうまく歌うことが出来ます。

_____

3. 私は明日、大学に行かなければならないかもしれません。

_____

 Let's Use It!

Task A 以下はマイの大学での英語の授業でのルールです。（　　　）に適語を書き入れ、英文を完成させましょう。

して良いこと	すべきこと	してはいけないこと
・水を飲む ・スマートフォンで単語を調べる ・_____	・先生に質問をする	・おやつなどを食べる ・スマートフォンでメールをする ・居眠り ・_____

During English lessons we (**1.**_____) drink water but (**2.**_____) (**3.**_____) snacks. Students (**4.**_____) ask teachers questions. With a smartphone, we (**5.**_____) look up words but we (**6.**_____) (**7.**_____) send messages. Of course, we (**8.**_____) (**9.**_____) sleep during lessons.

Task B **Task A** の英文を参考に、<u>助動詞</u>を使い、英語の授業で「して良いこと」「してはいけないこと」それぞれに 1 つずつ自分で項目を加え英語で書きましょう。完成したら、ペアになって読み上げ合いましょう。

_____

_____

_____

_____

_____

Task C **Task A/B** の英文を参考に、Toolbox の表現を参考にして日常生活において①すべきこと ②すべきではないこと ③できること ④できないことを英文で書き、グループで紹介しましょう。

① _____

_____

② _____

_____

③ _____

_____

④ _____

_____

Toolbox

ignore ～　　～を無視する

throw away ～　　～を捨てる

protect ～　　～を保護する

save resources　　省エネをする

speak ill of others　　他人の悪口を言う

make people happy　　人を幸せにする

Tomatoes Are Loved by Many People

[受動態]

 Let's Listen!

▶コウタの話を聞いて、登場する食べ物について正しい情報を示しているイラストを
選びましょう。　🎧 DL 20　💿 CD 20

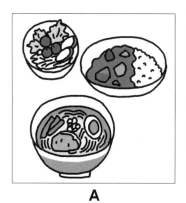
A

B

C

 Grammar Focus

Tomatoes **are loved** by many people.　トマトは多くの人に愛されています。

Tomatoes **are used** in many ways all over the world.

　　　　　　　　　　トマトは世界中でいろいろな方法で利用されています。

Tomatoes can **be put** in salad, pasta dishes and hamburgers.

　　　　　　　トマトはサラダやパスタ、ハンバーガーに入れられることができます。

Tomatoes will **be loved** by people forever.

　　　　　　　　　　　　　トマトは永遠に人々に愛されるでしょう。

Is the politician **respected** by Japanese people?

　　　　　　　　　　　その政治家は日本人に尊敬されていますか。

Will the child **be given** a birthday present?

　　　　　　　　　　　その子どもは誕生日プレゼントをもらえますか。

▶以下は受動態についての説明です。空所を埋め、説明を完成させましょう。

● 「～される」と主語が**動作を受ける**ことを表現する場合は <u>1._____</u> 態を使います。**受動態**の基本語順は、主語 ＋ be <u>2._____</u> ＋ <u>3._____</u> 分詞で、「～によって」と動作をする人を示す場合は <u>4._____</u> ～で表します。

● **過去**のことを受動態を使って表す場合はbe動詞がwas/wereになります。

● will, canなどの**助動詞を含む受動態**は、助動詞 ＋ <u>5._____</u> ＋ 過去分詞で表します。

Grammar Check and Practice

A 英文の（　　）に入る適切なものを選びましょう。

1. Apples are (loves / loved / love) by many people around the world.

2. The first tomato juice (made / was made / is made) about one hundred years ago.

3. Kota's birthday party (will be held / is held / was held) next week.

4. Sushi (serve / will serve / should be served) in the party.

B 日本語に合うように（　　）を埋め、英文を完成させましょう。

1. 毎年、私のバースデーケーキは父によって作られます。
My birthday cake (　　　　　　) (　　　　　　) (　　　　　　) my father every year.

2. たくさんの友だちがコウタに招待されました。
Many friends (　　　　　　) invited (　　　　　　) Kota.

3. 多くのフライドチキンが彼の友だちによって食べられるでしょう。
A lot of fried chicken (　　　　　　) (　　　　　　) eaten by his friends.

4. 私の母によって特別な料理が作られるかもしれません。
A special dish (　　　　　　) (　　　　　　) cooked by my mother.

C 日本語に合うように（　　）に適語を書き入れ、会話文を完成させましょう。
ペアになって、完成した会話文を交代で練習しましょう。

🎧 DL 21　◉ CD 21

Amy:　I (¹.　　　　　　　) to eat a tomato every day because I hear it is very
healthy.
トマトはとても健康に良いと聞いたので、毎日食べることに決めたわ。

Kota:　That's a good idea. By the way, I was just wondering whether tomatoes
are vegetables or fruit. (².　　　　　　　) do you think?
それはいい考えだね。ところで、トマトは野菜なのか果物なのかって疑問に思ったんだけど、
君はどう思う？

Amy:　As they (³.　　　　　　　) not sold at the nearby fruit shop, I think
tomatoes are vegetables.
近所の果物屋さんでは売られていないから、トマトは野菜だと思うわ。

Kota:　I agree. And as they (⁴.　　　　　　　) not grown on trees, tomatoes
(⁵.　　　　　　　) be vegetables.
同感。それに、トマトは木で育てられないので、野菜に違いないよ。

Amy:　Wait a minute, I remember they (⁶.　　　　　　　) regarded as fruit in the
UK.
ちょっと待って。イギリスでは、トマトは果物とみなされているのを思い出したわ。

Kota:　Oh, really? Hmm... I guess more research must (⁷.　　　　　　　) done. We
need more information.
ホントに？　ふーん、もっと調査がされなければいけなそうだ。もっと情報が必要だね。

Amy:　Right. I (⁸.　　　　　　　) get some more information about tomatoes.
その通り。トマトについてもう少し情報を入手してみるわ。

Let's Read!

▶マイがトマトの起源についてまとめた英文を読み、後の質問に答えましょう。

 DL 22　CD 22

Tomatoes

Tomatoes were originally grown in Latin America and then brought to Europe from countries such as Spain, Portugal, Italy and other Mediterranean countries. Interestingly, they were not eaten – they were just seen, like flowers. But people began to eat them around the 16th century in Italy, and by the mid-19th century, they could be found in many other European countries and in America. Tomatoes were known as "the fruit of love" in the UK, "yellow apple" in Italy, and "love apple" in France. Clearly, tomatoes were seen as fruit before, so they can be regarded as fruit now.

Notes

Mediterranean「地中海」　　regard ... as ～「…を～とみなす」

Comprehension and Practice

A 英文の内容に合っていればT (true) を、合っていなければF (false) を選びましょう。

1. ヨーロッパの人たちが最初にトマトを栽培し始めた。　　　　　　　　　　[T / F]
2. 人々はトマトを16世紀ごろから食べ始めた。　　　　　　　　　　　　　[T / F]

B 以下の英文を、最初はテキストを見ながら声に出して読み、その次は顔を上げてテキストを見ずに言ってみましょう。

1. Tomatoes were originally grown in Latin America.
2. Tomatoes were seen as fruit before.
3. They can be regarded as fruit now.

C 日本語に合うように英文を作りましょう。 B の英文を参考にしましょう。

1. タマネギ (onions) はもともと、エジプト (Egypt) で育てられました。

_____

2. エジプトではタマネギはパワーの源 (a source of power) とみられていました。

_____

3. タマネギは最高の野菜だとみなされることができます。

_____

 Let's Use It!

Task A イラストを参考に（　　）に適語を書き入れ、英文を完成させましょう。

English (¹·　　　　　) (²·　　　　　　) in Canada.
Kota was (³·　　　　　) English (⁴·　　　　　　) a native speaker last year.
We will (⁵·　　　　　) pleased if robots can do a lot of work for us.

Task B Task A の英文を参考に、**受動態**を使い、①世界で話されている言語、②誰かが何かを教えられたときのこと、③「～だったら嬉しく思うだろう」ということについて英文で書きましょう。完成したら、ペアになって読み上げ合いましょう。

① _____

② _____

③ _____

「トマトは野菜か果物か？」についてアウトプット活動を行います。

①ペアになって「果物」「野菜」の立場で日本語で意見を主張し合いましょう。

②次にToolboxの表現も参考にし、受動態を使って自分の意見を英語でまとめましょう。

③まとめた自分の意見をもとに、違うパートナーと英語で意見交換してみましょう。（以下をメモ欄として使用してください）

_____

_____

_____

_____

_____

_____

_____

_____

_____

Toolbox

~ be grown in ...　~は…で育てられる

~ be sold in ...　~は…で売られている

~ taste like ...　~は…のような味がする

We eat A when ...　私たちは…の時Aを食べます。

I believe (think/feel) that A is ~ because ...

私はAを~だと信じ（思い／感じ）ます。なぜなら…

In my opinion,　私の意見では

I don't think A is ~　私はAを~だとは思いません。

I Study to Be an Interpreter

[to 不定詞]

Let's Listen!

▶マイがエイミーの部屋について話しています。音声を聞いて、正しい情報を示しているイラストを選びましょう。

🎧 DL 23　💿 CD 23

A

B

C

Grammar Focus

Amy came to Japan **to learn** about Japanese culture.

エイミーは日本文化を学ぶために日本に来ました。

One of her dreams is **to be** an interpreter in Japan.

彼女の夢の一つは日本で通訳になることです。

There are a lot of books **to read** about Japanese language in her room.

彼女の部屋には、日本語について読むべき本がたくさんあります。

Amy grew up **to be** a wonderful lady.

エイミーは成長して素敵な女性になりました。

Are you happy **to** know that the swimming pool is going to open tomorrow?

明日プール開きがあると知ってうれしいですか。

▶以下は to 不定詞についての説明です。空所を埋め、説明を完成させましょう。

● **to 不定詞は、** to + **1.**_____ の原形という形です。

● 「～すること」の意味を表し、**名詞**の働きをします。「～する（ための）…」の意味を表し、**2.**_____ や代名詞を後ろから修飾する**形容詞**の働きもします。さらに**副詞**の働きとしては、「～するために」という意味である行為の **3.**_____ を表したり、「…してその結果～する」という意味で**結果**を表したりすることもあります。また、「～して（…だ）」と感情の**原因・理由**を表す **4.**_____ の働きもします。

Grammar Check and Practice

A 英文の（　　　）に入る適切なものを選びましょう。

1. (Studied / To study / Studies) is one of the most important things in life.

2. I have some shoes (to wear / wearing / wear) on rainy days.

3. The cute girl grew up (become / be / to be) a famous actress.

4. Mai tried (sing / to sing / sang) beautifully to get people's attention.

B 日本語に合うように（　　　）を埋め、英文を完成させましょう。

1. 英語学習において、英語の歌を歌うことは効果的です。
（　　　　　　）（　　　　　　　　　　） English songs is effective for learning English.

2. エッセイを書くために、分析すべきデータが必要です。
I need data (　　　　　　　) analyze (　　　　　　　　) write an essay.

3. マイは、そのレースで一番早くゴールに到着したランナーでした。
Mai was the first runner (　　　　　　　) (　　　　　　　　) the goal in the race.

4. コウタは良い教師になるために最善を尽くしています。
Kota is doing his best (　　　　　　　) (　　　　　　　) a good teacher.

C 日本語に合うように（　）に適語を書き入れ、会話文を完成させましょう。
ペアになって、完成した会話文を交代で練習しましょう。

DL 24 ◯ CD 24

Mai: Hi, Bill. Congratulations! You got the prize in the science essay contest again! (¹·　　　　　) learn science must be easy for you. I really envy you.
ハイ、ビル。おめでとう！また科学論文コンテストで賞をとったね。科学を勉強することは君にとって簡単に違いないね。本当にうらやましいわ。

Bill: Thanks, Mai. But you (²·　　　　　) English very well. I envy your language talent.
マイ、ありがとう。でもマイは英語を上手に話すじゃないか。君の言語才能がうらやましいよ。

Mai: I'm happy (³·　　　　　) (⁴·　　　　　) that. I'm studying English hard to do volunteer work abroad.
それを聞いてうれしいわ。外国でボランティア活動をするために英語を一生懸命勉強しているのよ。

Bill: Why do you want to do that?　なぜボランティアをしたいの？

Mai: Well, it's because there are a lot of poor people in the world who don't have enough food or even water. I really (⁵·　　　　　) (⁶·　　　　　) help those people.
世界には十分な食べ物や水さえない気の毒な人々が大勢いるの。私は本当にそのような人を助けたいのよ。

Bill: I see. So you want to (⁷·　　　　　) (⁸·　　　　　) a foreign country to realize your dream.
なるほど。夢をかなえるために外国に行きたいということだね。

Mai: Yes. However, there are a lot of things (⁹·　　　　　) (¹⁰·　　　　　) here before I do that.
そう。でもその前にここで学ぶべきことがたくさんあるわ。

54

Let's Read!

▶エイミーのブログを読み、後の質問に答えましょう。　　🎧 DL 25　⚪ CD 25

I watched a Japanese anime for the first time when I was seven years old. The anime was interesting and exciting. Since then, I have often hurried home to watch Japanese anime on TV. In my university in America, I took a Japanese language class to go to Japan to learn about Japanese culture. To learn the language was not easy at all but I tried my best. Now I'm studying here at a Japanese university. I'm studying Japanese language and culture to be an interpreter or a tour guide in Japan. There are a lot of things to do to make my dream come true.

Notes

hurry「急いで行く」　　interpreter「通訳」

Comprehension and Practice

A 英文の内容に合っていればT (true) を、合っていなければF (false) を選びましょう。

1. エイミーは日本に来て初めて日本のアニメを見た。　　　　　　　　　　[T / F]
2. 彼女にとって日本語を学ぶことは簡単ではなかった。　　　　　　　　　[T / F]

B 以下の英文を、最初はテキストを見ながら声に出して読み、その次は顔を上げてテキストを見ずに言ってみましょう。

1. I often hurried home to watch Japanese anime on TV.
2. To learn the language was not easy at all for me.
3. There are a lot of things to do to make my dream come true.

C 日本語に合うように英文を作りましょう。 B の英文を参考にしましょう。

1. 私はシカを見るためしばしばその公園に行きました。

_____

2. ビルにとって中国語を話すことは全く簡単ではありませんでした。

_____

3. 京都には訪れるべきたくさんの場所があります。

_____

 Let's Use It!

Task A イラストを参考に（　　　）に適語を書き入れ、英文を完成させましょう。

　　Kota wants (¹·　　　　　) be a (²·　　　　　　) in the future. So, he
studies in the Faculty of Education at his university. To be an (³·　　　　　　)
(⁴·　　　　　) he has to (⁵·　　　　　) very hard. His other dream is to go
to (⁶·　　　　　) to study English. Now he works part-time to save money to
make his dream come true.

Task B Task A の英文を参考に、**to**不定詞を使い、過去において目的をもって行
ったこと、現在目的をもって行っていることについて英文で書きましょう。
完成したら、ペアになって読み上げ合いましょう。

_____

_____

_____

_____

_____

Task C グループになって、**Toolbox** の表現を参考にして将来の夢や希望、その理由
について質問し合い、表の空所に英文を書き入れましょう。

名前	将来の夢・希望	理由
Bill	He wants to be a robotic engineer.	He likes robots.
Mai	Her dream is to go to Alaska.	She wants to see the aurora.

Toolbox

What is your dream?　あなたの夢は何ですか。

My dream is to ~　私の夢は~することです。

What do you want to do in the future?　将来何をしたいですか。

I want to teach English because English is very important.
私は英語を教えたいです。なぜなら英語はとても大切だからです。

He wants to go to Brazil to watch soccer games.
彼はサッカーの試合を見るためにブラジルに行きたいです。

I Enjoy Talking About "Blood Type"

［動名詞］

Let's Listen!

▶血液型占いについての音声を聞いて、正しい情報を示しているイラストを選びましょう。

DL 26　CD 26

A

B

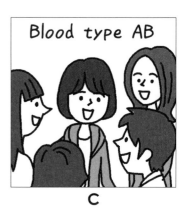

C

Grammar Focus

They like **working** very hard.　彼らは一生懸命働くことが好きです。

They sometimes do things without much **thinking**.

彼らは時々あまり考えずに物事を行います。

They are often afraid of **making** mistakes.

彼らはしばしばミスをすることを恐れます。

Doing something new is always exciting.

何か新しいことをすることはいつもワクワクします。

My grandfather's hobby is **learning** foreign languages.

私の祖父の趣味は外国語を学ぶことです。

▶以下は動名詞についての説明です。空所を埋め、説明を完成させましょう。

●**動名詞**は、動詞の -ing 形で「〜する <u>1._____</u>」の意味を表し、**名詞**の働きをします。 動名詞は主語・補語・目的語になります。

● of や in などの前置詞に「〜すること」を続けるときは、to 不定詞ではなく、<u>2._____</u> を 使います。この場合は動名詞が前置詞の**目的語**になります。

Grammar Check and Practice

A 英文の（　　）に入る適切なものを選びましょう。

1. Mai likes (running / run / ran) in the morning.
2. Amy's hobby is (watched / watching / watch) Japanese anime.
3. Kota came back to Japan without (to go / going / go) to New York.
4. Bill is thinking of (buy / buying / to buy) another cap on the internet.

B 日本語に合うように（　　）を埋め、英文を完成させましょう。

1. マイは英語を学ぶのに、英語の歌を聞くことが好きです。

   Mai likes (　　　　　　) to English songs to learn English.

2. サッカーをすることは日本の若者の間でとても人気があります。

   (　　　　　　) soccer is very popular among young people in Japan.

3. コウタはしばしば海外からの友人と話をして英語を学びます。

   Kota often learns English by (　　　　　　) with his friends from abroad.

4. エイミーはこの夏、沖縄を訪れることを楽しみにしています。

   Amy is looking forward to (　　　　　　) Okinawa this summer.

C 日本語に合うように（　　）に適語を書き入れ、会話文を完成させましょう。
ペアになって、完成した会話文を交代で練習しましょう。

Amy: Kota, one of my Japanese friends asked me about my blood type. Why do Japanese people like (**1.**　　　　　　) this question?
コウタ、日本人の友達の一人が、私の血液型を聞いてきたわ。なぜ日本人はこの質問を聞くことが好きなの？

Kota: Because we (**2.**　　　　　　) deciding people's characters by their blood type.
血液型で性格を決めるのを楽しんでいるからだよ。

Amy: Oh, that's crazy! It is (**3.**　　　　　　) scientific at all!
馬鹿げているわ。まったく科学的でないもの！

Kota: I (**4.**　　　　　　). As my blood type is B, people often say I must be moody. But actually, I'm not. By the way, what is your blood type?
同感。僕の血液型はBなので、よく気まぐれでしょって言われるよ。でも実際は違う。ところで、君の血液型は何？

Amy: Oh, you ask me about it, too! OK, I found out mine is A, which I learned here in (**5.**　　　　　　).
ああ、あなたもそれを質問するのね！　いいわ、私の血液型はAだとわかったわ。ここ日本で知ったことよ。

Kota: Thank you (**6.**　　　　　　) telling me. So you are a very serious person, aren't you?
教えてくれてありがとう。そうすると君はとても真面目な人でしょ？

Amy: Kota, (**7.**　　　　　　) don't say that!
コウタ、どうかそんなこと言わないで！

Kota: (**8.**　　　　　　), I was only joking.
ごめん、ただのジョークだよ。

Let's Read!

▶エイミーの日記の一部を読み、後の質問に答えましょう。　🎧 DL 28　💿CD 28

Today my classmate asked me about my blood type again. I didn't know why Japanese people like asking this question. So when I met Kota, I asked him the reason for this. He said that a lot of Japanese people enjoy deciding people's characters by their blood type. According to him, blood type A people are very serious, B-type people are outgoing, and O people are usually confident and popular among people. However, AB people have some different features. They are sometimes shy and outgoing. Now I understand why Japanese friends are interested in learning about my blood type. Kota also said, "There is no scientific evidence for blood type fortune telling."

Notes

outgoing「外交的な」　confident「自信がある」　features「特徴」
blood type fortune telling「血液型占い」

Comprehension and Practice

A 英文の内容に合っていれば T (true) を、合っていなければ F (false) を選びましょう。

1. エイミーの友だちは彼女の血液型を知りたがっていた。　　　　　　　　　　[T / F]

2. 血液型占いは信頼できる。　　　　　　　　　　　　　　　　　　　　　　[T / F]

B 以下の英文を、最初はテキストを見ながら声に出して読み、その次は顔を上げてテキストを見ずに言ってみましょう。

1. I didn't know why Japanese people like asking this question.

2. A lot of Japanese people enjoy deciding people's character by their blood type.

3. My Japanese friends are interested in learning about my blood type.

C 日本語に合うように英文を作りましょう。 **B** の英文を参考にしましょう。

1. 私はなぜビルがコンピューターゲームをするのが好きだったのかわかりませんでした。

_____

2. 多くの日本人が朝にランニングすることを楽しんでいます。

_____

3. マイは貧しい国でボランティア活動をすること (do a volunteer activity) に興味を持っています。

_____

 Let's Use It!

Task A 以下を参考に (   ) に適語を書き入れ、英文を完成させましょう。

    I'm thinking of going to (**1.**   ). I like seeing cute animals and holding a (**2.**   ) is my dream. I'm also interested (**3.**   ) learning throwing a real boomerang. I think it will be exciting. I really want to (**4.**   ) to the country sometime in the (**5.**   ).

Task B **Task A** の英文を参考に、動名詞を使い、自分の行きたいところ、やりたいことについて英文で書きましょう。完成したら、ペアになって読み上げ合いましょう。

_____

_____

_____

_____

Task C グループになって、**Toolbox** の表現を参考に血液型を聞き合い、それぞれの好きなこと、興味のあることについてインタビューし、表の空所に書き入れましょう。

名前	血液型	好きなこと	興味のあること
Kota	B	Reading books	He is interested in teaching English to children.
Amy	A	Watching Japanese anime	She is interested in learning about Japanese culture.

Toolbox

What is your blood type?　あなたの血液型は何ですか。

What kind of things do you like doing/to do?　何をすることが好きですか。

What are you interested in?　何に興味がありますか。

I like -ing/to ~　~することが好きです。

I'm interested in learning about global warming because it is very important for our future.

地球温暖化について学ぶことに興味があります。なぜなら私たちの将来にとってとても大切だからです。

The Sleeping Student Is Mai

[現在分詞・過去分詞]

Let's Listen!

▶マイが自分の朝の過ごし方について話しています。音声を聞いて、正しい情報を示しているイラストを選びましょう。　　DL 29　　CD 29

A

B

C

Grammar Focus

Running under a **shining** sun makes me feel happy.

輝く太陽の下で走ることに、私は幸せを感じます。

People **enjoying** exercise in the morning are usually healthier.

朝に運動を楽しんでいる人はより健康的であることが多いです。

Radio Taisou is an exercise **loved** by many people.

ラジオ体操は多くの人に愛されている運動です。

That **sleeping** student at the front desk is Mai.

あの最前席で眠っている学生はマイです。

It is no use crying over **spilt** milk.　覆水盆に返らず。

▶以下は現在分詞と過去分詞についての説明です。空所を埋め、説明を完成させましょう。

●**現在分詞** [動詞の -ing 形] は名詞の前後に置かれて名詞を修飾し、「〜 1._____ …」の意味を表します。

●**過去分詞**は名詞の前後に置かれて名詞を修飾し、「〜 2._____ …」の意味を表します。

●分詞 1 語が名詞を修飾する場合は、名詞の前に置きます。分詞で始まる 2 語以上の句が名詞を修飾する場合は、名詞の後ろに置きます。

Grammar Check and Practice

A 英文の（　　）に入る適切なものを選びましょう。

1. The student (wear / wearing / wore) a kimono is Mai.

2. The man (playing / play / plays) basketball over there is good at swimming as well.

3. The (stealing / stolen / steal) money was found in Bill's room.

4. Amy is interested in a traditional Japanese dance (call / calls / called) *bon odori*.

B 日本語に合うように（　　）を埋め、英文を完成させましょう。

1. 丘を駆け上がっていく少女を見てください。
   Look at the girl (　　　　　　) up the hill.

2. 真夜中に寮を歩き回っていた学生は誰ですか。
   Who was the student (　　　　　　) around the dormitory in the middle of the night?

3. 睡眠はすべての人に必要とされる活動です。
   Sleeping is an activity (　　　　　　) by everybody.

4. 彼はかつて不眠症と呼ばれる症状に苦しんだことがありました。
   He once suffered from a condition (　　　　　　) insomnia.

C 日本語に合うように（　　）に適語を書き入れ、会話文を完成させましょう。
ペアになって、完成した会話文を交代で練習しましょう。

DL 30　CD 30

Kota: At first, I was surprised to hear that Mike's (**1.**　　　　　) money was found in Bill's room.
最初、マイクの盗まれたお金がビルの部屋で見つかったと聞いてびっくりしたよ。

Amy: I was, too. But he is an honest man (**2.**　　　　　) by everyone. I didn't believe it from the beginning.
私も。でもビルはみんなに信頼されている誠実な人。最初から信じなかったわ。

Kota: Yes. Mike made a mistake. That (**3.**　　　　　) was actually not his but Bill's.
そう。マイクが誤解したんだ。そのお金は彼のではなく、ビルのものだった。

Amy: Mike said he was so tired because of a lack of (**4.**　　　　　) that he made a wrong judgment.
睡眠不足でとても疲れていたから、間違った判断をしたとマイクは言っていたわ。

Kota: Yes. A lack of sleep is a serious problem. Do you know of a condition (**5.**　　　　　) insomnia?
うん。睡眠不足は深刻な問題だよ。不眠症と呼ばれる症状を知ってる？

Amy: Of course. But I have never (**6.**　　　　　) it. I can always sleep well.
もちろん。でも経験したことはないわ。いつでもぐっすり眠れるから。

Kota: Yes, even during (**7.**　　　　　)!
そう、授業中でもね。

66

Let's Read!

▶睡眠についての英文を読み、後の質問に答えましょう。　🎧 DL 31　◎ CD 31

Getting enough sleep is very important for everybody. For example, good sleep can make us study better at school. Moreover, to do a good job at work we need to sleep well. People who are tired because of a lack of sleep often make mistakes in their studies or at work. Unfortunately, there are a lot of traffic accidents every day because of a lack of sleep. Many of these accidents occur when tired drivers sleep for just a few seconds. We can say people getting enough sleep can concentrate better. I hope sleeping will be something respected more by everybody.

Notes

concentrate「集中する」　　respect「尊重する」

Comprehension and Practice

A 英文の内容に合っていればT (true) を、合っていなければF (false) を選びましょう。

1. 十分な睡眠をとると授業にも集中できる。　　　　　　　　　　　　[T / F]
2. 睡眠不足と交通事故は関係ない。　　　　　　　　　　　　　　　　[T / F]

B 以下の英文を、最初はテキストを見ながら声に出して読み、その次は顔を上げてテキストを見ずに言ってみましょう。

1. Many of these accidents occur when tired drivers sleep for just a few seconds.
2. We can say people getting enough sleep are healthier.
3. Sleeping will be something respected more by everybody.

C 日本語に合うように英文を作りましょう。 B の英文を参考にしましょう。

1. 何人かの（some）疲れた学生は授業中に数分間眠ります。

_____

2. 毎日野菜を食べる人はより健康です。

_____

3. ラグビーは多くの人に愛されているスポーツです。

_____

 Let's Use It!

Task A イラストを参考に（　　）に適語を書き入れ、英文を完成させましょう。

　The three people (¹·　　　　　　　) on the sofa are my friends. The girl
(²·　　　　　　　) in the middle is Amy. The boy (³·　　　　　　) at her is Kota
and the boy (⁴·　　　　　　) a song with a microphone is Bill. They came to this
karaoke box, but (⁵·　　　　　　) was so tired (⁶·　　　　　　) she began to
(⁷·　　　　　　).

Task B Task A の英文や以下の例文を参考に、現在分詞と過去分詞を使い、身の回りの物や人、事を出来るだけ多く描写してみましょう。完成したら、ペアになって読み上げ合いましょう。

例 The man **teaching** us English is Mr. Sato.
　She is a singer **loved** by many people.
　Osechi is Japanese traditional food **eaten** in New Year's Day.

_____

_____

_____

_____

_____

Task C Toolbox の表現も参考にして、「毎日十分な睡眠がとれない理由」「どうすれば十分な睡眠がとれるか」について、①ペアになって日本語で意見を交換しましょう。②次に英語で簡単にまとめて書き、③違うパートナーと英語で意見交換してみよう。

_____

_____

_____

_____

Toolbox

I don't have enough time to sleep because I have a lot of homework to do.
多くの宿題があるので十分な睡眠時間がありません。

I'm busy working part-time.　私はアルバイトで忙しいです。

A person working too hard is always busy.
一生懸命働きすぎる人はいつも忙しいです。

Getting exercise is effective for/in + -ing ~　運動は~するのに効果的です。

We should ~ to ...　…するためには~すべきです。

I Respect Him Because ...

[接続詞]

Let's Listen!

▶ ビルが自分の尊敬する人物について話しています。音声を聞いて、正しい情報を示しているイラストを選びましょう。　　DL 32　CD 32

A

B

C

Grammar Focus

I visited a museum **and** saw his pictures.　私は博物館に行き彼の写真を見ました。

I read a book about Edison **when** I was in elementary school.

小学生だったとき、私はエジソンについての本を読みました。

Though I had heard his name, I did not know much about him.

彼の名前を聞いたことはありましたが、私は彼についてあまり知りませんでした。

I respect him **because** he never gave up **when** he failed.

彼は失敗しても決してあきらめなかったので、私は彼を尊敬しています。

I was so glad **that** I had read a book about him.

彼についての本をすでに読んでいてとてもよかったです。

At first, I couldn't believe **that** he had invented so many things.

最初、彼がそんなに多くの発明をしていたことが信じられませんでした。

▶以下は接続詞についての説明です。空所を埋め、説明を完成させましょう。

●**時**を表す接続詞には when, while, as, until/till, before, **1.**_____, since などがあります。

●**条件**を表す接続詞には if や unless があります。if は「**2.**_____ 〜ならば」という意味で、unless は「〜で **3.**_____ 限り」という意味になります。

●**譲歩**を表すには though/although, even if などを用います。

●**原因・理由**を表す接続詞には **4.**_____, since, as などがあります。

●**目的**を表すには so that ... can/will/may などを用い、**結果**を表すには so ＋ 形容詞／副詞 ＋ that ... などを用います。

Grammar Check and Practice

A 英文の（　　）に入る適切なものを選びましょう。

1. (Although / Since / Because) Mai is very busy, she runs every day.

2. Amy wants to visit Japan (although / if / because) she is interested in Japanese culture.

3. (After / Before / Unless) you leave the living room, turn off the light.

4. I will take you to a concert (if / unless / after) you are free tonight.

B 日本語に合うように（　　）を埋め、英文を完成させましょう。

1. 彼女が来るまで、この部屋で待っています。
   I will wait here in this room (　　　　　　　) she comes.

2. 彼が電球を発明したとき、人々は驚きました。
   (　　　　　　　) he invented the lightbulb, people were surprised.

3. 家族が寝ている間でさえ、彼はとても一生懸命働きました。
   He worked very hard even (　　　　　　) his family were sleeping.

4. 彼に会って話をすれば、あなたは彼を尊敬しますよ。
   You will respect him (　　　　　　) you meet and talk with him.

日本語に合うように（　　）に適語を書き入れ、会話文を完成させましょう。
ペアになって、完成した会話文を交代で練習しましょう。

DL 33　　CD 33

Mai: Let's talk about people you like and (¹·　　　　　　) a lot. Do you have anyone in mind?

好きでとても尊敬している人物について話そうよ。誰かいる？

Kota: Yes, of course. My hero is Sakamoto Ryoma (²·　　　　　) he worked very hard to make our country better.

うん、もちろん。僕のヒーローは坂本龍馬だよ。なぜなら彼は私たちの国をより良くするためにとても一生懸命働いたから。

Mai: Tell me (³·　　　　　).

もっと教えて。

Kota: He produced some wonderful ideas so that everybody (⁴·　　　　　) live equally and peacefully. How about you, Mai? Who do you respect more than anyone else?

彼は皆が平等に平和に暮らせるための素晴らしいアイデアを思いついたんだ。君はどうなの。マイ？　他の誰よりも尊敬するのは誰？

Mai: I respect Mother Teresa (⁵·　　　　　). Even (⁶·　　　　　) situations were very bad, she tried her best to help poor and dying people.

私はマザーテレサを最も尊敬するわ。状況がとても悪くても貧しい人、死にゆく人のために全力を尽くしたのよ。

Kota: She was given the Nobel (⁷·　　　　　) Prize, wasn't she?

彼女はノーベル平和賞を授与されたんだよね。

Mai: Yes. And she continued working for poor people (⁸·　　　　　) she died.

そう。そして、亡くなるまで恵まれない人々のために働き続けたのよ。

Let's Read!

▶ビルのブログを読み、後の質問に答えましょう。　　　🎧 DL 34　◎ CD 34

> After I read a story about Thomas Edison again, I thought I should study much harder. In fact, I learned about the importance of making great efforts. Even when Edison was hungry and tired, he sometimes didn't stop working. We should not risk our health but we may sometimes have to work hard to make our dreams come true. One of my dreams is to make a robot that can work for people who need help. If I can do that, I believe many people will be happier. I will work hard until I realize this dream, as my hero Edison did. It will be difficult but I think I can do it.

Notes
risk「〜を危険にさらす」　　realize「(夢など)を実現する」

Comprehension and Practice

A 英文の内容に合っていれば **T (true)** を、合っていなければ **F (false)** を選びましょう。

1. ビルは努力よりも才能の大切さを学んだ。　　　　　　　　　　　　　[T / F]
2. ビルは夢を実現しようと決意している。　　　　　　　　　　　　　　[T / F]

B 以下の英文を、最初はテキストを見ながら声に出して読み、その次は顔を上げてテキストを見ずに言ってみましょう。

1. After I read a story about Edison again, I thought I should study much harder.
2. Even when Edison was hungry and tired, he sometimes didn't stop working.
3. I will work hard until I realize this dream, as my hero did.

C 日本語に合うように英文を作りましょう。**B** の英文を参考にしましょう。

1. その日本の漫画 (Japanese manga) を読んだ後、私は日本に行くべきだと思いました。

_____

2. たとえ授業中 (during class) 眠くても、私は目をつぶりませんでした。

_____

3. あなたが家に帰ってくるまで、毎日メールを送ります。

_____

 Let's Use It!

Task A   イラストを参考に (   ) に適語を書き入れ、エイミーの尊敬する人物について
の英文を完成させましょう。

I respect my mother (¹·   ) she is always kind, gentle and
hardworking. She is an art (²·   ) at a college. She teaches
(³·   ) 6:00 p.m. on week days. Although she is very busy, my mother
enjoys doing exercise. She goes to a (⁴·   ) three times a week
(⁵·   ) she is sick. She enjoys her life very much. I really want to be like
her (⁶·   ) I can.

Task B   Task A の英文を参考に、接続詞を用いて自分の尊敬する人物について述
べてみましょう。完成したら、ペアになって読み上げ合いましょう。

_____

_____

_____

_____

Task C グループになって、**Toolbox**の表現を参考にして尊敬する人物について質問し合い、表の空所に書き入れましょう。

名前	尊敬する人物	理由
Amy	Her mother	Because she is always kind, gentle and hardworking.

Toolbox

Who do you respect?　尊敬する人は誰ですか。

Why do you respect him/her?　なぜ彼／彼女を尊敬するのですか。

I respect A because ~　～なのでAを尊敬します。

He is loved by many people because ~　～なので彼は愛されています。

praise　賞賛する　　carry out　実行する

succeed in -ing　～するのに成功する　　a hard worker　努力家

talent　才能

She Likes Letters More Than Email

[比較級（原級・比較級）]

Let's Listen!

▶エイミーが祖母について話しています。音声を聞いて、正しい情報を示しているイラストを選びましょう。

🎧 DL 35　💿 CD 35

A

B

C

Grammar Focus

I like my grandmother very much because she is **as kind as** my parents.

　　　　　　祖母は両親と同じくらい優しいので、私は彼女がとても好きです。

She says emailing is not **as easy as** writing a letter.

　　　　　　彼女は、メールすることは手紙を書くことほど簡単ではないと言います。

An email is **more convenient than** a letter.　メールは手紙よりも便利です。

Emailing is **easier than** writing a letter.

　　　　　　メールすることは手紙を書くことよりも簡単です。

▶以下は比較級についての説明です。空所を埋め、説明を完成させましょう。

● 「AはBと同じくらい…」と**AとBの程度が同じ**であることを表すには、A ... as ＋ 原級 ＋ **1.**_____ B を用います。「AはBほど…ではない」と**AとBの程度が違う**ことを表すには、A ... not as[so] ＋ 原級 ＋ **2.**_____ B を用います。

● 「AはBよりも～」と**2つを比較して程度が違う**ことを表すには、**3.**_____ ＋ than ～を用います。比較級には -er, more ～ のタイプと、better など不規則に変化するタイプがあります。「より～ない」という場合には less ＋原級も用います。

● **比較する2つの差**が大きいことを表す場合は、比較級の **4.**_____ に much や far、a lot などを置きます。差が小さい場合には a little, a bit, slightly などを置きます。

Grammar Check and Practice

A 英文の ( ) に入る適切なものを選びましょう。

1. Bill was a (good / better / well) rugby player than Kota.
2. My PC is (cheap / cheaper / more cheaper) than yours.
3. Your PC is (more expensive / expensive / better expensive) than mine.
4. Bill runs (faster / fast / more fast) than Kota.

B 日本語に合うように ( ) を埋め、英文を完成させましょう。

1. エイミーはビルと同じくらい一生懸命科学を勉強しました。
   Amy studied science as hard ( ) Bill.

2. コウタはビルより背が高いですか。
   Is Kota ( ) than Bill?

3. 私はパリはロンドンよりロマンチックな都市だと思います。
   I think Paris is a ( ) romantic city than London.

4. この川は以前よりとてもきれいです。
   This river is much ( ) than before.

日本語に合うように（　　）に適語を書き入れ、会話文を完成させましょう。
ペアになって、完成した会話文を交代で練習しましょう。

🎧 DL 36　⊙ CD 36

Mai: Do you sometimes send an email to your (**1.**　　　　　　) in London, Bill?
ビル、時々ロンドンの家族にメールしてる？

Bill: I don't do it as often (**2.**　　　　　　) Amy does. But I sometimes write a letter to my family.
エイミーがするほどはしていないかな。でも時々家族に手紙を書くよ。

Mai: Oh, really. Writing a letter takes (**3.**　　　　　　) time than sending an email, doesn't it?
本当に？　手紙を書くことはメールを送るより時間がかかるでしょう？

Bill: Yes, of course it does. But I feel (**4.**　　　　) comfortable when I write a letter by hand.
うん、もちろん時間がかかるよ。でも手紙を手書きするとより気持ちがいいと感じるんだ。

Mai: I think I understand what you mean. We may be able to show our feelings (**5.**　　　　　) by writing letters (**6.**　　　　　) by sending emails.
言いたいことは理解できるわ。私たちは手紙を書くことで、メールを送るよりもよりうまく気持ちを表現できるかもしれないわね。

Bill: Yes. That's right. In fact, I (**7.**　　　　　) (**8.**　　　　　) a letter to you tonight, Mai.
そう、その通り。マイ、今夜君に手紙を書くよ。

Mai: Oh, a handwritten letter! Thank you, Bill. I will be (**9.**　　　　　) for it!
まぁ、手書きの手紙を！　ありがとうビル。待ってるわ。

Let's Read!

▶エイミーの祖母からの手紙を読み、後の質問に答えましょう。  DL 37 CD 37

> Amy, how have you been? So, you finally started learning about Japanese culture. I think your life must be more exciting now that you are living in Japan. But sometimes I worry that you might feel less comfortable there. I have never been to Japan, so I don't know a lot about the country. Are Japanese people as kind as people in our hometown? Isn't it colder or hotter in Tokyo than in our hometown? Are you becoming more interested in Japanese pop culture than before? If I have time, I want to visit you in Japan. I'm looking forward to your reply.

Comprehension and Practice

A 英文の内容に合っていればT (true) を、合っていなければF (false) を選びましょう。

1. エイミーの故郷の人々は親切である。 [T / F]
2. エイミーの祖母は東京の気候についてよく知っている。 [T / F]

B 以下の英文を、最初はテキストを見ながら声に出して読み、その次は顔を上げてテキストを見ずに言ってみましょう。

1. Your life must be more exciting now that you are living in Japan.
2. Are Japanese people as kind as people in our hometown?
3. Are you becoming more interested in Japanese pop culture than before?

C 日本語に合うように英文を作りましょう。 **B** の英文を参考にしましょう。

1. 彼女はアメリカに住んでいるので、彼女の生活はよりエキサイティングであるに違いありません。

_____

2. 祖母は母と同じくらい陽気 (cheerful) です。

_____

3. 私は以前よりもより日本の歴史に興味があります。

_____

 Let's Use It!

Task A イラストを参考に（　　）に適語を書き入れ、コウタの好きなこと、興味のあることについての英文を完成させましょう。

　　Kota likes (¹.　　　　　　　) much more than watching movies or TV. He reads (².　　　　　　) books (³.　　　　　　) his classmates. In particular, he is more interested (⁴.　　　　　　) non-fiction than fiction stories. He sometimes (⁵.　　　　　　) letters to the authors. He thinks writing letters is (⁶.　　　　　　) polite than sending an (⁷.　　　　　　).

Task B **Task A** の英文を参考に、<u>比較級</u>を用いて自分の好きなこと、興味のあることについて述べてみましょう。完成したら、ペアになって読み上げ合いましょう。

_____

_____

_____

_____

_____

Task C グループになって、Toolboxの表現を参考にして自分の好きなこと、興味のあること、また好きではないこと、興味のないことについてインタビューし、表の空所に書き入れましょう。可能であれば理由も聞いてみましょう。その後で、比較級を使って表現してみましょう。

名前	好きなこと、興味のあること	好きではないこと、興味のないこと
Kota	Reading books （理由）It is exciting. / I can learn a lot of things.	Watching movies （理由）They are often very noisy.

(Kota)

I like reading books better than watching movies because I can learn more from reading. / I like reading books better than watching movies because movies are very noisy.

Toolbox

What are you interested in? 何に興味がありますか。

I'm interested in sumo because it is a traditional national sport.
相撲は伝統的な国技なので、興味があります。

Which do you like better, going out or staying at home?
外で遊ぶのと、家にいるのではどちらが好きですか。

I like ~ better because ... …なので~の方が好きです。

I feel happy when I play the piano. ピアノを弾いているとき幸せです。

Kyoto Is the Most Famous City in Japan

[比較級（最上級・最上級を表す比較表現）]

Let's Listen!

▶ビルが自分の故郷について話しています。音声を聞いて、正しい情報を示しているイラストを選びましょう。　　　　🎧 DL 38　　◉ CD 38

 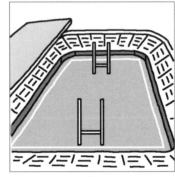 

          A   B   C

Grammar Focus

What do you like **most** about your hometown?

あなたが故郷で一番好きなことは何ですか。

London is **the biggest** city in my country.　ロンドンは私の国で一番大きな都市です。

It has **the most sightseeing** spots of all the cities in the UK.

そこにはイギリスで一番多くの観光名所があります。

I enjoyed visiting those places **more than** anything else in my high school days.　　　　　私は高校時代、何よりもそのような場所に行くことを楽しみました。

▶以下は比較の最上級についての説明です。空所を埋め、説明を完成させましょう。

● 3つ以上の物・事柄・人を比べて「最も〜」と表現するとき、原級に -est や the
  1.＿＿＿＿＿＿をつけた最上級で表します。また、best などの、原級が不規則に変化する不規則変化もあります。

● more than any ... や nothing is as ... **2.**＿＿＿＿＿＿, A is more 〜 than anything else
  など最上級の意味を表す比較表現もあります。「何と言っても一番〜」というように最上級の意味を強調する場合は by far や much を用います。

Grammar Check and Practice

A 英文の (   ) に入る適切なものを選びましょう。

1. Mai is the (better / best / good) singer in her class.

2. Iwate is the (biggest / big / bigger) prefecture in the main island of Japan.

3. No other prefecture is as (big / bigger / biggest) as Iwate.

4. Do you think New York is (most / the most / best) exciting city in America?

B 日本語に合うように (   ) を埋め、英文を完成させましょう。

1. 札幌雪まつりは冬の最も大きなイベントです。
   The Sapporo Snow Festival is the (   ) event in winter.

2. 私はそのイベントが北海道のイベントの中で一番好きです。
   I like the event the (   ) of all the events in Hokkaido.

3. そのイベントほどワクワクすることはありません。
   Nothing is (   ) exciting (   ) the event.

4. あなたの故郷で最も人気のあるお祭りは何ですか。
   What is the (   ) (   ) festival in your hometown?

C 日本語に合うように ( ) に適語を書き入れ、会話文を完成させましょう。
ペアになって、完成した会話文を交代で練習しましょう。

🎧 DL 39　◎ CD 39

Kota: Amy, you are from Boston, which is one of (**1.**   )
(**2.**   ) cities in America, aren't you?
エイミー、君はアメリカで最も古い都市であるボストンの出身だよね。

Amy: Yes, I am. Boston is one of (**3.**   ) (**4.**   ) historic cities
in the US. It is a sister city of Kyoto.
そうよ。ボストンはアメリカでもっとも歴史のある街の一つよ。京都の姉妹都市よ。

Kota: I didn't know that. I think Kyoto is (**5.**   ) (**6.**   ) than
any (**7.**   ) city in Japan for foreign people. What do you think?
それは知らなかった。京都は外国人にとって日本の他のどの都市よりも有名だと思う。君は
どう思う？

Amy: I'm not sure. Maybe, Akihabara is the most known among (**8.**   )
(**9.**   ) from overseas.
わからないわ。たぶん、海外からの若い人たちの間では、秋葉原が最も知られているかもしれ
ない。

Kota: (**10.**   ) to electrical appliances?　電気製品のおかげで？

Amy: Not really. It's probably because of Japanese pop culture. No
(**11.**   ) city in Japan is as popular (**12.**   ) Akihabara
for its pop culture, such as Japanese anime, manga and computer games.
そうではないの。日本の大衆文化のためよ。秋葉原ほど日本のアニメや漫画、コンピューター
ゲームなどの大衆文化で人気のある街は日本にはないわ。

Kota: I see.　そうなんだ。

Let's Read!

▶ボストンに関する英文を読み、後の質問に答えましょう。　🎧 DL 40　◉ CD 40

Do you know about any cities in America? Which American city do you like best? Many people love New York very much because it is one of the most exciting cities in the world. Some people love other cities such as Los Angeles and Chicago. I love Boston because it is one of the most historic cities in America, and it is also the biggest city in Massachusetts. No other city in America has as many sightseeing spots as Boston. I want to go there again one day.

Notes

historic「歴史的な」　Massachusetts「マサチューセッツ州 (ボストンが州都)」

Comprehension and Practice

A 英文の内容に合っていればT (true) を、合っていなければF (false) を選びましょう。

1. ニューヨークはあまり人気のない都市だ。　　　　　　　　　　　[T / F]

2. ボストンは歴史のある街である。　　　　　　　　　　　　　　　[T / F]

B 以下の英文を、最初はテキストを見ながら声に出して読み、その次は顔を上げてテキストを見ずに言ってみましょう。

1. Boston is one of the most historic cities in America.

2. Boston is the biggest city in Massachusetts.

3. No other city in America has as many sightseeing spots as Boston.

C 日本語に合うように英文を作りましょう。 B の英文を参考にしましょう。

1. 仙台は日本で最も美しい都市の一つです。

_____

2. 富士山は日本で最も高い山です。

_____

3. 北海道ほど多くの温泉 (hot spring) がある場所は日本には他にはありません。

_____

Let's Use It!

Task A イラストを参考に (　　) に適語を書き入れ、コウタの父の故郷についての
英文を完成させましょう。

　　My father's hometown, (**1.**　　　　　　　　), is one of the (**2.**　　　　　　　　)
popular places for school trips. A lot of (**3.**　　　　　　　) enjoy seeing the Big
Buddha of Nara. No (**4.**　　　　　　) Great Buddha in Japan is as famous
(**5.**　　　　　　　) the Big Buddha of Nara. We can see a lot of (**6.**　　　　　　　) in
Nara Park. They are very cute. I love Nara more than any other city in Japan.

Task B Task A の英文を参考に、最上級を最低１文含む英文を用いて、自分の街に
ついて英語で紹介してみましょう。完成したら、ペアになって読み上げ合い
ましょう。

_____

_____

_____

_____

Task C **Task A / B** の英文と Toolbox の表現を参考に、<u>最上級</u>を最低 1 文用いて、日本の良いところについて英文で書きましょう。完成したら、グループで紹介し合いましょう。

_____

_____

_____

_____

_____

_____

_____

Toolbox

polite　礼儀正しい　　kind　親切な　　hardworking　勤勉な
modernized　近代化した　　four seasons　四季
have a long history　長い歴史を持つ　　beautiful scenery　美しい風景
delicious (healthy) food　美味しい（健康的な）食べ物

I Have a Friend Who Lives in Australia

［関係代名詞（主格・目的格）］

Let's Listen!

▶マイが受け取ったメールの内容について話しています。音声を聞いて、正しい情報を示しているイラストを選びましょう。　🎧 DL 41　💿 CD 41

A

B

C

Grammar Focus

I received an email from my friend **who** lives in Australia.

　　　　　　私は、オーストラリアに住んでいる友人からメールをもらいました。

Australia is a country **which** has a lot of interesting places to visit.

　　　　　　オーストラリアは訪れるべき興味深い場所がたくさんある国です。

I want to talk with people **who** have different customs.

　　　　　　私は違う生活習慣のある人々と話がしたいです。

She plays soccer, **which** is popular among girls in Australia now.

　　　　　　彼女は今、オーストラリアで女子に人気のあるサッカーをしています。

▶以下は関係代名詞の主格と目的格についての説明です。空所を埋め、説明を完成させましょう。

●名詞を後ろから修飾し、¹·＿＿＿＿＿するときに使われるのが関係代名詞です。関係代名詞が修飾する名詞を ²·＿＿＿＿＿と呼びます。

●主格の関係代名詞 who は、先行詞が ³·＿＿＿＿＿のときに用いられ、それ以外の場合は ⁴·＿＿＿＿＿が用いられます。目的格の関係代名詞は先行詞が人の場合は who/whom、人以外の場合は ⁵·＿＿＿＿＿となります。なお、目的格の関係代名詞はしばしば省略されます。

●人と人以外の主格・目的格の関係代名詞として that も用いられます。

Grammar Check and Practice

A 英文の（　　）に入る適切なものを選びましょう。

1. I have a friend (who / whom / which) plays the guitar very well.

2. He has a sister (whom / who / where) can speak Chinese.

3. The Japanese anime (who / when / which) I like best is *My Neighbor Totoro*.

4. Is he the police officer (whom / who / what) saved my life?

B 日本語に合うように（　　）を埋め、英文を完成させましょう。

1. 母にはイタリア料理の作り方を教えてくれる友人がいました。
My mother had a friend (　　　　　　　) taught her how to cook Italian food.

2. 私は英語で書かれた本を買いました。
I bought a book (　　　　　　) was written in English.

3. ロンドンで見かけた俳優を覚えていますか。
Do you remember the actor (　　　　　　　) you saw in London?

4. 春休みに出かけた街は渋谷ですか。
Is the town (　　　　　　　) you visited in the spring vacation Shibuya?

C 日本語に合うように (　　) に適語を書き入れ、会話文を完成させましょう。
ペアになって、完成した会話文を交代で練習しましょう。

DL 42　CD 42

Mai: I'm excited about visiting Australia. I have a friend (¹·　　　　　) invited me there.

オーストラリアに行くのにワクワクしているわ。私を招待してくれた友人がいるの。

Bill: Wow! Australia is a country (²·　　　　　) has a lot of (³·　　　　　)
(⁴·　　　　　).

それはいいね。オーストラリアはたくさんの独特な動物がいる国だね。

Mai: Yes — koalas, kangaroos and crocodiles. A koala is an animal
(⁵·　　　　　) can be found in the wild only in Australia.

そう、コアラ、カンガルー、ワニ。コアラは野生ではオーストラリアにしかいない動物よ。

Bill: I actually visited Australia once. I spent some time with Indigenous
Australians, (⁶·　　　　　) (⁷·　　　　　) me about their culture.

実は一度オーストラリアへ行ったことがあるんだ。オーストラリア先住民の人たちと少しの間
過ごしたんだけど、彼らは自分たちの文化について教えてくれたんだ。

Mai: Oh, that is a culture (⁸·　　　　　) I read and learned about in the
newspaper last week.

ああ、それは私が先週新聞で読んで学んだ彼らの文化だわ。

Bill: You should visit Uluru, (⁹·　　　　　) is a holy place for the Indigenous
Australians.

オーストラリア先住民にとって神聖な場所であるウルルに行ったほうがいいよ。

Mai: Yes, I also (¹⁰·　　　　　) that in the newspaper. Actually, my friend is
going to take me there.

ええ、それについても新聞で読んだわ。実は、私の友だちがそこに連れて行ってくれるの。

Bill: Really? You have a wonderful friend (¹¹·　　　　　) is very kind.

えっ、本当に？　素敵で親切な友達だね。

Let's Read!

▶コウタがある友人の経験について書いた英文を読み、後の質問に答えましょう。

🎧 DL 43　◎ CD 43

I have a friend who had a strange experience one night last year. She had a dream that told her what would happen the next day. In the dream, she was singing a song that is her favorite at a karaoke box. Then, a handsome man who was wearing a dark suit suddenly came into the room. He said, "You are the person I have been looking for. Will you join my band?" The next day, this actually happened to her. She is now a professional singer with the band!

Comprehension and Practice

A 英文の内容に合っていればT (true) を、合っていなければF (false) を選びましょう。

1. コウタの友人は歌が得意である。　　　　　　　　　　　　　　　[T / F]
2. コウタの友人はスカウトされ歌手になった。　　　　　　　　　　[T / F]

B 以下の英文を、最初はテキストを見ながら声に出して読み、その次は顔を上げてテキストを見ずに言ってみましょう。

1. I have a friend who had a strange experience last year.
2. She was singing a song that is her favorite at a karaoke box.
3. You are the person I have been looking for.

C 日本語に合うように英文を作りましょう。 **B** の英文を参考にしましょう。

1. 私には、5年前に4匹の犬を飼っていた友人がいます。

_____

2. 彼は部屋で自分のお気に入りの曲 (歌) を聞いています。

_____

3. これは僕が探してきた本です。

_____

 Let's Use It!

Task A イラストを参考に (　　) に適語を書き入れ、イラスト中の友人について述べた英文を完成させましょう。

　　I have a friend (**1.**　　　　　　) is good at both (**2.**　　　　　　) and sports.
As she is kind and gentle to everyone, she is a person (**3.**　　　　　) I respect
a lot. The other day she sent me a video letter, (**4.**　　　　　) I watched with
my (**5.**　　　　　). After watching it, my parents also came to like her.

Task B **Task A** の英文を参考に、関係代名詞を用いて自分の友人について述べてみましょう。完成したら、ペアになって読み上げ合いましょう。

_____
_____
_____
_____
_____
_____

Task C グループになって、**Task A / B** の英文、および**Toolbox** の表現を参考にして これからあなたがどのような友人が欲しいかを関係代名詞を用いて書き、その理由も述べましょう。出来上がったら、お互いに質問し合い、表にまとめましょう。

_____

_____

_____

_____

名前	どのような友人	理由
Amy	A friend who can speak Korean.	Because she can learn the language from the friend.

Toolbox

I want a friend who ~　　~する友人が欲しいです。

I want a friend who is ~　　~である友人が欲しいです。

I want to ~ with her.　彼女と~したいです。

I would like to learn ~ from him.　彼から~を学びたいです。

My friend should be ~ because ...　私の友だちは~であるべきです。なぜなら…。

Ideally, my friend would be able to ~　理想的には、私の友だちは~出来る人です。

Kota, Whose Dream Is to Be a Teacher

[関係代名詞（所有格・その他の用法）]

 Let's Listen!

▶コウタの今後について述べた音声を聞いて、正しい情報を示しているイラストを選びましょう。

DL 44　CD 44

A

B

C

 Grammar Focus

I have a friend **whose** name is Kota.　私にはコウタという友だちがいます。

He wants to be a teacher **whose** English proficiency is very high.
　　　　　　　　彼は英語力のとても高い教師になりたいと思っています。

What he wants to learn is not only English but also English literature.
　　　　　　　　　　彼は英語だけではなく、英文学も学びたいです。

He needs a laptop **whose** keyboard is easy to use.
　　　　　　　　彼はキーボードが使いやすいノートパソコンが必要です。

He is a comedian, and **what's more,** he is a great writer.
　　　　　　　　彼はコメディアンですが、さらに偉大な作家でもあります。

▶以下は関係代名詞の所有格とその他の用法についての説明です。空所を埋め、説明を完成させましょう。

●先行詞の人や物が所有するものや付随するものなどを説明するときは、**所有格の関係代名詞** 1.＿＿＿＿＿＿ を用います。先行詞が人以外の場合は of which を用いることもあります。

●関係代名詞 2.＿＿＿＿＿＿ は先行詞をそれ自身に含んでおり「～すること／もの」という意味になり、the thing(s) which/that と置き換えて考えることができます。慣用表現としては what we call「いわゆる」、what's more「さらに」などがあります。

Grammar Check and Practice

A 英文の ( ) に入る適切なものを選びましょう。

1. I have a friend (who / whom / whose) son is a famous soccer player.

2. He has a beautiful sister. That's (whom / whose / what) I only know.

3. Is that the house (who / whose / which) owner is Chinese?

4. I want to visit a country (whose / who / what) people can speak some English.

B 日本語に合うように ( ) を埋め、英文を完成させましょう。

1. 私には長くとても美しい髪をした友人がいます。
I have a friend ( ) hair is long and very beautiful.

2. 眠れるくらい台所が広い家に住みたいです。
I want to live in a house ( ) kitchen is big enough to sleep in.

3. あなたにとって今必要なのは休息をとることです。
( ) is necessary for you now is to take a rest.

4. 彼女は受話器の壊れた電話を直さなければなりません。
She has to fix the telephone ( ) receiver is broken.

C 日本語に合うように（　　）に適語を書き入れ、会話文を完成させましょう。
ペアになって、完成した会話文を交代で練習しましょう。

🎧 DL 45　　💿 CD 45

Amy: Kota is going to stay in New Zealand for a year to (**1.**　　　　　)
(**2.**　　　　　　). Did you know that?
コウタはニュージーランドで一年間英語の勉強するそうよ。知ってた？

Bill: No, I (**3.**　　　　　) know that. But why New Zealand?
知らなかった。でもなぜニュージーランド？

Amy: I have no idea. Maybe the reason is because it's a country (**4.**　　　　　　)
(**5.**　　　　　　) are generous, kind and what's (**6.**　　　　　　), speak
English. The country may be what we (**7.**　　　　　) "a heaven" for him.
わからないわ。でもたぶん、人が寛大で親切で、さらに英語を話すからかしら。ニュージーラ
ンドは、彼にとっていわゆる「天国」なのかもしれない。

Bill: Actually, I have an uncle in New Zealand (**8.**　　　　　) (**9.**　　　　　　)
is big enough to have a homestay guest. Do you know where Kota is going
in New Zealand?
実は、ニュージーランドにはホームステイ客を迎えるのに十分広い家に住んでいる叔父がい
るんだ。コウタはニュージーランドのどこへ行くか知っている？

Amy: I heard he's going to stay in a (**10.**　　　　　) (**11.**　　　　　　) famous
places are historical buildings and a beautiful natural park.
彼が住む町は歴史的建造物や自然公園で有名なところだと聞いたわ。

Bill: Is that only (**12.**　　　　　) you know?　　知っているのはそれだけ？

Amy: Yes. That's (**13.**　　　　　) I know.
うん。それが私の知っていることよ。

Bill: OK. I will ask Kota about his stay (**14.**　　　　　　).
オッケー、後で彼に滞在先について聞いてみるね。

96

Let's Read!

▶マイのブログを読み、後の質問に答えましょう。　　🎧 DL 46　◎ CD 46

> I really respect Kota, whose dream is to be a teacher. As for me, I want to work in a country whose people are poor and need a lot of help. I will try to be a volunteer whose passion is always very strong. What I need to do now is to read as many books as possible to learn about volunteer work abroad. What's more, I need to watch documentaries whose contents can teach me a lot about poor countries. Kota is leaving Japan to go to New Zealand this weekend. It will be hard to say "Good-bye" to him.

Comprehension and Practice

Ａ 英文の内容に合っていればT (true) を、合っていなければ F (false) を選びましょう。

1. マイはコウタをボランティアとして尊敬している。　　　　　　　　[T / F]

2. マイは自分の夢を実現するためにたくさんの本を読みさえすればいい。　[T / F]

Ｂ 以下の英文を、最初はテキストを見ながら声に出して読み、その次は顔を上げてテキストを見ずに言ってみましょう。

1. I really respect Kota, whose dream is to be a teacher.

2. I want to work in a country whose people are poor and need a lot of help.

3. What I need to do now is to read as many books as possible.

C 日本語に合うように英文を作りましょう。 B の英文を参考にしましょう。

1. 私は声がソフトで優しいその歌手が好きだ。

_____

2. 私はビーチがとても美しい島に行きたい。

_____

3. 今彼がする必要のあることは、出来るだけ練習することだ。

_____

 Let's Use It!

Task A イラストを参考に（　　）に適語を書き入れ、ビルが自分のやりたいことを
実現させるために必要な物事について書いた英文を完成させましょう。

　　To study about engineering, I often need to go to a (**1.** _____) whose
atmosphere is comfortable and quiet. What's (**2.** _____), that must be a
library (**3.** _____) closing time is after 8:00 p.m. I also want to have many
(**4.** _____) with friends whose dream is the same (**5.** _____) mine.

Task B Task A の英文を参考に、関係代名詞の所有格を用いて自分のやりたいこ
とを実現させるために必要な物事について述べてみましょう。完成したら、
ペアになって読み上げ合いましょう。

_____

_____

_____

_____

_____

Task C　グループになって、Task A / B の英文やToolbox の表現を参考にして自分にとって身近な人（家族、友人など）の紹介文を合計40語以上の英語で自由に書き、紹介し合いましょう。

_____

_____

_____

_____

_____

_____

_____

Toolbox

be good at ~　~が得意　　be from ~　　~出身
make sweets　お菓子を作る　　play sports　スポーツをする
like to ~　~するのが好き　　do one's best in ~　~に全力を尽くす
make A feel happy (comfortable)　Aを幸せに（快適に）させる
make a decision to ~　~する決定をする
take part in ~　~に参加する

本書にはCD（別売）があります

Let's Output in Basic English

アウトプットのための基本英語

2020年1月20日　初版第1刷発行
2024年2月20日　初版第8刷発行

著　者　　　佐　藤　臨太郎

発行者　　　福　岡　正　人

発行所　　株式会社　金　星　堂

（〒101-0051）　東京都千代田区神田神保町 3-21
Tel　　（03）3263-3828（営業部）
　　　　（03）3263-3997（編集部）
Fax　（03）3263-0716
http://www.kinsei-do.co.jp

編集担当　松本明子　　　　　　　　　　　　　　Printed in Japan
印刷所・製本所／萩原印刷株式会社

本書の無断複製・複写は著作権法上での例外を除き禁じられています。本書を代行業者等の第三者に依頼してスキャンやデジタル化することは、たとえ個人や家庭内での利用であっても認められておりません。
落丁・乱丁本はお取り替えいたします。

ISBN978-4-7647-4108-9　C1082